2008年度宁波市社会科学学术著作出版资助项目

唐绍祥 著

中国上市公司总体并购活动的时间性研究

RESEARCHES ON TIMING OF AGGREGATE MERGER ACTIVITIES FOR CHINESE PUBLIC COMPANIES

中国社会科学出版社

图书在版编目（CIP）数据

中国上市公司总体并购活动的时间性研究/唐绍祥著．—北京：中国社会科学出版社，2008.10

ISBN 978-7-5004-7319-0

Ⅰ．中…　Ⅱ．唐…　Ⅲ．上市公司—企业合并—研究—中国

Ⅳ．F279.246

中国版本图书馆 CIP 数据核字(2008)第 161867 号

责任编辑　田　文
责任校对　刘　俊
封面设计　李尘工作室
技术编辑　李　建

出版发行　中国社会科学出版社
社　　址　北京鼓楼西大街甲 158 号　　邮　编　100720
电　　话　010—84029450(邮购)
网　　址　http://www.csspw.cn
经　　销　新华书店
印　　刷　北京新魏印刷厂　　装　订　丰华装订厂
版　　次　2008 年 10 月第 1 版　　印　次　2008 年 10 月第 1 次印刷
开　　本　787×960　1/16
印　　张　12　　插　页　2
字　　数　175 千字
定　　价　22.00 元

目 录

序

李京文

众所周知，企业并购是市场经济发展的产物，是一国经济发展的迫切需要。从宏观层面讲，并购能够盘活存量资产，优化资源配置，推动产业整合，促进科技进步，实现经济增长；从微观层面讲，并购是节约交易费用、促使企业迅速发展壮大的重要途径。西方国家企业并购实践已经充分证明了这一点，并购成为西方发达国家企业扩张的主要经营策略和手段。自19世纪末以来，以美国为代表的西方国家已经出现了五次较大规模的企业并购浪潮，而且自20世纪90年代以来的第五次并购浪潮仍在持续不断的高涨之中。每一次企业并购浪潮，既体现了时代的特征，反映了人们对并购认识的不断加深，同时也造就了一大批前所未有的巨型企业，推动着现代企业的形成、演变及社会经济的发展。西方国家并购史表明，由于受到企业内外部条件的影响，并购活动呈现出一定随机性，呈浪潮式发展态势。这种波动对并购理论提出了挑战。

从20世纪80年代起，随着我国经济规模的迅速扩大和日益融入全球经济，为迎接加入WTO后来自境外跨国公司的严峻挑战，就必须加快我国经济体制改革，推动国有企业走出传统计划经济的束缚，对国有企业实行战略性重组，推进资本要素的合理流动和有效配置，从而通过多种手段实现战略重组，全方位深化企业改革，这就为全国企业并购提供了一个政策鼓励的宏观环境。在这样的大背景下，企业并购自然成为我国经济改革的热点，企业界也掀起了一次次并购浪潮。唐绍祥的新著《中国上市公司总体并购活动的时间性研究》就是对我国并购浪潮的时间进程和发展特征的系统研究。

从1997年到2005年，我国并购市场发展迅速，在数量和规模上都呈上升的势头。在我国经济转轨时期，并购市场远未成熟，面对我国并购活动的蓬勃发展、并购浪潮的频繁出现，认识和了解总体并购活动的时间性特征及其影响因素更成为我国完善并购市场、持续发展经济的迫切需要。特别是跨国并购浪潮深入发展、我国股权分置改革、大企业推进“走出去”战略以及金融体制改革不断深化，促使中国并购市场出现了新一轮热潮。而要做到对我国并购活动进行有效引导、管理和调控，充分发挥并购的宏观效应和微观效应，就必须对我国总体并购活动的时间性特征和影响因素进行研究，以了解我国总体并购活动的演进规律和发展路径，认识并购活动与宏观经济变量之间的关联性，从而能够对并购趋势进行准确预测和正确指导。

唐绍祥的新著《中国上市公司总体并购活动的时间性研究》以“时间性”为切入点，对我国上市公司总体并购活动的时间性特征及其决定因素进行深入研究，具有重要的理论意义和现实意义，不仅有助于对并购领域的一些归纳性假设进行检验，对总体并购周期波动发展路径提供解释，而且还有助于人们认识和把握我国上市公司总体并购活动的发展趋势，为微观主体的经营决策和国家宏观调控政策的制定提供有价值的参考。

该书采用理论与实践相结合、规范与实证相结合的研究方法。在实证研究方面运用了许多最新的经济计量方法，如协整理论、向量自回归模型、误差修正模型、脉冲响应函数、方差分解、均值转移的三状态马尔科夫区制转移模型、均值和方差同时转移的三状态区制转移模型、H－P滤波等检验并购浪潮假说，研究了上市公司总体并购活动的周期特征、并购周期与经济周期之间的关联性、总体并购活动与货币金融变量之间的关联性，并总结了总体并购活动的时间性或并购浪潮的成因。角度新颖，资料翔实，论证充分，结构清晰，在方法和内容方面都拓展了国内相关领域研究的广度和深度，对推动我国并购理论研究和并购实务发展将发挥积极作用。希望本书的出版，能对我国经济理论界和企业界及政府有关部门的同志们有较大的参考与应用价值。

2007 年 12 月 5 日于北京

绪　论

第一节　选题动因

一　并购活动的蓬勃发展对总体并购活动的时间性特征和影响因素的研究提出了要求

自19世纪末以来，以美国为代表的西方国家已经出现了五次较大规模的企业并购浪潮，而且自20世纪90年代以来的第五次并购浪潮仍在持续不断的高涨之中。每一次企业并购浪潮，既体现了时代的特征，也反映了人们对并购认识的不断加深，同时也造就了一大批前所未有的巨型企业，推动着现代公司的形成、演变及社会经济的发展。

随着中国日益融入全球经济圈，为迎接加入WTO后来自境外跨国公司的严峻挑战，跟上世界经济的步伐，同时也为了加快我国经济体制改革，实现两个根本性的转变，使国有企业走出传统的计划经济的束缚，尤其是为了使占国民生产总值60%以上的大中型国有企业真正建立起具有市场竞争效率的现代企业制度，国家提出"以产权革命为核心、以资本为纽带，对国有企业实行战略性重组，推进资本要素的合理流动和有效配置"[①]，要求通过多种手段实现战略重组，全方位深化企业改革，这就为全国企业并购提供了一个政策鼓励的宏观环境。在这样的大背景下，企业并购自然成为我国经济改革的热点，企业界也掀起了一次次并购浪潮。从1997年至2005年，我国并购市场发展迅速，不管在数量还是规模上都呈

① 《中共中央关于完善社会主义市场经济体制若干问题的决定》。

向上发展的势头。从并购数量看，1996 年只有 6 家上市公司并购，而 1997 年 33 家，1998 年 70 家，1999 年 84 家，2000 年 103 家，2001 年 119 家，2002 年 168 家，2003 年 172 家，2004 年 160 家，2005 为 127 家。另外，从并购交易笔数[①]看，1998 年 117 笔，1999 年 295 笔，2000 年 586 笔，2001 年 705 笔，2002 年 731 笔，2003 年 958 笔，2004 年 636 笔，2005 年 715 笔。

西方国家的整个并购史表明，并购活动呈浪潮式发展几乎已经成为一种典型化事实，并购活动表现出不断波动的特性，这种波动对并购理论提出了挑战，它要求并购理论能够刻画和解释这种总体并购活动的时间性特征或其影响因素。我国正处于计划经济向市场经济转轨时期，并购市场并不成熟，面对我国并购活动的蓬勃发展、并购浪潮的频繁出现，认识和了解总体并购活动的时间性特征或其影响因素更成为我国完善并购市场、发展经济的迫切需要。

二　并购时间性特征研究是更好发挥并购效应的前提

企业并购是市场发展的产物，是经济发展的需要。西方五次并购浪潮的发展历程充分表明，这种产权交易方式对国家经济增长和产业结构调整有着巨大的推动作用，是西方发达国家企业扩张的主要经营策略和手段。特别是 20 世纪 90 年代以来的第五次企业并购浪潮，更加促使人们对并购活动效应进行全面的认识，这有利于并购活动更健康、有效发展。总的来说，并购活动在经济发展中的效应主要体现在以下几方面：

1. 并购的宏观效应

（1）企业并购是我国经济增长的需要。企业并购的一个非常重要的作用就是能使存量资产得以重新配置，即由效益差、效率低的企业或产业流向效益好、效率高的企业或产业，促进生产要素的合理流动，使资源配置得以优化，提高全社会的资源使用效率，改善投资方式和结构。并购方式的企业重组，可以盘活存量资产，解决亏损企业的生存和发展问题，使

① 数据来源及统计口径在本书后续章节有详细描述。

企业实现集约化经营，从而有效促进经济增长。

（2）企业并购是我国产业整合的需要。企业并购活动是产业整合战略的重要环节，能够适应经济形势的变化，迅速解决旧的经济结构、产业结构中的矛盾和问题。通过企业并购可以调整行业内部存在的不合理偏向，使得行业之间的比例、产业结构趋于合理。跨行业、跨地区的企业并购也是解决地区间产业结构重构化的有效措施。另外，通过企业并购，可以增强产业牵动效应，并购过程中一大批中小企业向实力强、效益好的企业集结，提高市场集中度，促进产业结构升级与经济发展。

（3）企业并购是我国市场组织的需要。企业并购可以使一批效益好、实力强的企业迅速发展壮大成为大企业、大公司，这不仅可以大大提高市场的组织程度和稳定性，也有利于突破条块分割对资金、资源在全国统一市场范围内流动所造成的行业壁垒。大企业、大公司对中小企业的组织和协调功能，成为政府与中小企业之间、宏观与微观之间的中介力量，可以协助政府对产业发展和市场秩序进行协调，为政府进行宏观调控、贯彻国家经济发展战略提供了一种可以替代计划经济体制下条条块块的中观依托。

（4）企业并购是我国科技进步的需要。现代市场的竞争是科学技术的竞争，我国企业普遍效益低下的一个重要原因就是技术装备陈旧、老化。现代科技的迅猛发展，新技术、新设备、新材料、新产品层出不穷，企业并购能够使这些科技成果迅速转化为生产力，从而推动科技进一步发展。

2. 并购的微观效应

（1）并购能够使企业迅速发展壮大。企业并购是一种通过外部投资来获得已经存在的生产能力，借此发展壮大的企业行为。这种模式与内部新建生产能力投资相比，具有速度快、风险小和筹集资金方便等优点。通过企业并购方式发展壮大，也有利于扩大批量生产，提高生产率，可以减少单位产品的固定成本、研制开发费用、营销、采购等费用和资本成本等，也可以减少重复研究和生产环节。因此，企业并购是企业为扩大生产规模，提高生产能力，提高市场竞争力，实现规模经济的有效途径。

（2）并购可以节约交易费用。第一，在市场存在信息不对称和外部性的情况下，知识的市场价值难以实现，即使得以实现，也需要付出高昂的谈判成本和监督成本，为此，可通过并购使专门的知识在同一企业内运用，达到节约交易费用的目的。第二，企业的商誉为无形资产，其运用也会遇到外部性问题。通过并购可以将商标使用者变为企业的内部成员。因为作为内部成员，降低质量只会承受损失而得不到利益，从而消除机会主义动机。第三，有些企业的生产需要大量的专门中间产品投入，而这些中间产品时常存在供给不确定、质量难以控制和机会主义行为等问题。虽然企业可通过合约固定交易条件，但这种合约存在道德风险。而通过并购将合作者变为内部机构，就可以有效解决上述问题。第四，一些生产企业为开拓市场，需要大量的促销投资，这种投资由于专用于某一企业的某一产品，会有很强的资产专用性。同时销售企业具有显著的规模经济，一定程度上形成进入壁垒，限制竞争者加入，形成市场中的“少数问题”。当市场中存在少数问题时，一旦投入较强的专用性资产，就要承担对方违约造成的巨大损失。为减少这种风险，要付出高昂的谈判成本和监督成本。在这种成本高到一定程度时，并购便成为最佳选择。

要做到对我国并购活动进行有效管理和调控，充分发挥并购的宏观效应和微观效应，我们必须对我国总体并购活动的时间性特征和影响因素进行研究，以了解我国总体并购活动的发展规律和发展路径，认识并购活动与我国宏观经济周期波动、货币金融市场变量的关联性，从而能够预测到并购活动的发展趋势。

可见，对我国上市公司总体并购活动的时间性特征和影响因素开展研究有着重要意义，不仅有助于对我国已取得的各种归纳性假设进行检验，对并购活动周期波动的发展路径提供解释，而且还有助于人们认识和把握我国上市公司总体并购活动的发展趋势，为微观主体的经营决策和国家宏观调控政策的制定提供有价值的参考依据。

三　国内现有研究的不足使本书的立论成为必要

近年来，国外学者纷纷展开对总体并购活动时间性方面的研究，如

Nelson（1959、1966）、Shleifer 和 Vishny（2001）等将美国的并购活动与股票价格、产业活动和利率等联系起来进行分析，认为宏观经济现象的周期性特征决定了并购活动的周期性特征。Town（1992）、Golbe 和 White（1993）等利用历年总体并购活动的数据，通过时间序列分析的方法对并购波浪性等假说进行了实证检验。与之相反，Barkoulas 等（2001）则认为，美国的并购活动没有严格的周期性，而是表现为非周期的循环，等等。但与其他宏观经济现象不同，具体的并购行为是一个实证问题，应结合不同主体的具体情况进行分析。对西方发达国家总体并购活动时间性方面的研究结论不能照搬硬套于我国的并购实践，其并购活动发展规律不能作为我国微观经济主体经营决策和宏观调控政策的制定依据。这要求我们应在借鉴国外的研究方法和研究思路的基础上重新探寻我国总体并购活动自身的一些特征和规律性。

国内学术界对企业并购活动从微观角度开展研究的较多，包括并购的动因、并购的方式和手段、并购风险及其防范、并购法律及并购的操作规范等，但从宏观的角度进行研究，特别是对并购时间性的研究则比较少。王一（2000）、束琴和史耀疆（2001）分别提出了中国公司并购的“三阶段假说”和“五阶段假说”，但这种研究尚停留在归纳性假设分析阶段，还未进入到实证检验—时间统计特征研究的分析阶段。冯巧根等（2003）研究了我国 1998—2001 年间总体并购活动的时间序列特征。毛定祥（2002）利用回归模型对上交所 1999 年 429 家公司的并购规律的实证分析发现，影响并购行为最主要的因素是公司的盈利能力，其次是每股权益和主营业务利润率，公司的偿债能力与并购行为基本无关。张斌（2004）的实证研究认为，网络类上市公司成为被并购对象与其经营盈利有较为显著的相关关系：公司先前的经营情况越不理想，被收购的可能性就越大。相反，网络公司并购其他企业的行为同其经营盈利没有显著关系。现有研究成果远不能使人们对我国总体并购活动的时间性特征或其决定因素有深层次了解，并不能由此把握并购活动的发展规律及发展趋势。

本书正是基于以上几方面，运用计量经济和时间序列分析方法对我国上市公司总体并购活动的时间性展开研究，包括并购浪潮假说的检验、并购周期与经济周期及货币金融变量的关联性研究、总体并购活动的时间序列特征和周期特征的分析，以及并购活动时间性特征的成因解释等。

第二节 研究方法和研究思路

本书主要采用理论与实践相结合、规范分析和实证分析相结合的研究方法。同时辅以大量的数据、图表和统计检验（如正态性检验、偏移度检验等）来加以说明。本书运用了许多动态经济计量的方法。例如，采用均值转移的三状态马尔科夫区制转移模型来检验并购浪潮假说在我国是否成立；采用协整理论、向量自回归模型、误差修正模型、脉冲响应函数及方差分解来研究并购活动与经济周期、货币金融变量之间的长期均衡关系和短期动态关系；使用均值转移、均值和方差同时转移的三状态区制转移模型及 H－P 滤波来刻画我国总体并购活动的周期非对称性特征等。

西方国家对于总体并购活动的时间性研究已有半个多世纪的历史，取得了丰硕的研究成果。这些成果主要包括并购浪潮假说的检验、并购活动与宏观经济变量，如 GDP、工业总产值、股价指数、利率、货币供应量、劳动成本、债券收益等的相关性，以及对投资协同效应的检验等。本书借鉴国外研究成果对我国总体并购活动进行实证研究。本书首先对国外相关研究结论进行梳理，对全球五次并购浪潮进行简要回顾，然后在分析我国并购发展现状的基础上检验并购浪潮假说在我国是否成立，进而研究我国上市公司总体并购活动的时间序列特征及周期非对称性，探索我国并购活动的发展规律。本书接着研究总体并购活动与经济周期波动、货币金融变量，如股价指数、利率、货币供应量、汇率等的相关关系，为我国总体并购活动时间性特征提供宏观层面的解释。最后，在总结实证研究成果的基础上分析了我国总体并购活动时间性特征的成因。

第三节 本书结构安排

除绪论外，本书共分为七章，具体结构如下：

第一章　文献综述。本章首先对并购的概念进行了界定，明确了本书的研究界限，从而规范了本书结论的适用性。其次，本章对国内外关于并购活动的时间性研究成果进行梳理，有利于本书研究内容和研究变量的确定。最后，通过对并购动因理论研究成果的回顾，为本书实证结果的解释奠定了基础。

第二章　全球并购浪潮的简要回顾。本章回顾了 19 世纪末至今西方发达国家历经的五次并购浪潮，包括每次并购浪潮的背景、特点和并购活动情况，以初步了解全球总体并购活动浪潮式发展的典型事实，有利于从对比的角度审视我国的总体并购活动。

第三章　我国并购浪潮假说的实证检验。本章首先对我国并购活动的发展状况进行简要回顾，有助于我们初步了解我国总体并购活动的一些特征，借此，我们建立了我国总体并购活动发展态势的有关假说。其次，本章对实证检验所使用的变量和数据进行说明，对数据进行预处理，同时给出并购浪潮的定义。紧接着简单介绍了三状态马尔科夫区制转移模型的建立和估计。最后，本章在分析并购序列分布特征的基础上对并购浪潮假说进行实证检验。结论表明：三状态区制转移模型和我们对并购浪潮的定义能够正确地刻画我国总体并购活动，并购浪潮假说在我国是成立的，并购活动具有周期性，而拒绝认为并购活动是随机游走。

第四章　我国上市公司总体并购活动的周期特征研究。本章首先介绍了经济周期非对称性理论，然后介绍了本章所采用的计量检验方法，包括偏移度检验、H－P 滤波和三状态马尔科夫区制转移模型等。其次，本章通过简单的统计方法分析了我国并购序列增长和波动方面的简单特征。再次，我们利用偏移度检验和马尔科夫区制转移模型（包括均值转移、均值和方差同时转移两种情况）中的平均持续期、尖度（sharpness）、深度（deepness）和峭度（steepness）等检验方法检验了我国并购周期的非对称性，结果表明，我国并购周期在尖度和峭度方面存在非对称性，而在并购浪潮的开始和结束时没有深度上的差别；并购序列三状态的波动程度具有非对称性：在并购浪潮开始时，并购上升期间的波动最为激烈，而在并购浪潮结束时，并购活动下降期间的波动程度次之，在正常时期，并购波动程度最小。最后，我们利用马尔科夫区制转移模型估计的转移概率矩阵分析了我国并购周期各状态之间的转移规律。

第五章　我国并购周期与经济周期的关联性研究。本章首先介绍了经济周期的定义、阶段划分和分类。随后，我们介绍了本章所采用的周期类型、指标和研究方法。最后，本章在分析我国并购活动季度波动状况的基础上，采用转折点对照、相关系数分析及时间序列分析方法来研究并购周期与经济周期的关系，结果表明，我国并购周期与经济周期之间存在密切的关联性，并购周期领先于经济周期大约四个季度。最后，本章给出并购周期与经济周期关联性的原因解释。

第六章　我国上市公司总体并购活动与宏观金融变量关联性的实证检验。本章首先在分析美国并购浪潮中的典型事例和国外研究成果的基础上建立了总体并购活动与股价指数、利率、货币供应量和汇率等宏观经济变量之间的关联性假说。其次，本章对所采用变量的数据来源进行说明，并对实证部分拟采用的模型等分析工具进行介绍。再次，本书检验了我国上市公司总体并购活动与股价指数、利率、货币供应量和汇率之间的长期均衡关系。最后，利用误差修正模型、脉冲响应函数和方差分解分析了总体并购活动与各宏观金融变量之间的短期动态关系，并给出本章的基本结论。

第七章　我国上市公司总体并购活动的影响因素分析。本章主要分析我国上市公司总体并购活动的影响因素，提供对总体并购活动时间性的成因解释。本章的分析分成四个层次：来自宏观层面的成因（包括经济周期的影响、货币金融变量的影响、行业冲击的影响）、来自中观层面的成因（包括产业结构调整战略的影响、资本市场的创新和发展的影响、非有效市场的推动）、来自微观层面的成因（包括对垄断利润和竞争优势的获取、“壳”资源的保持、“壳”资源及其他资源要素的获取和管理者过度自信行为的影响）和来自并购边界角度的影响因素。

本书最后给出了结论。

第一章

文献综述

本章主要通过对总体并购活动的时间性特征及并购动因的国内外研究文献进行综述，提出本书研究的主要问题。首先，本章对并购概念界说的文献进行回顾，明确本书中所使用的并购概念。其次，对总体并购时间性特征研究文献进行综述，以明确本书所采用的方法、研究思路以及预期将形成的结论；对并购动因理论文献回顾将为本书实证结果的解释奠定基础。文献回顾的目的是希冀读者在进一步深入研究之前，能够先对总体并购活动的时间性研究的发展历程和研究脉络形成总体上的初步了解，这便于对本书后面章节的理解，并为其他学者今后的研究提供一些基础性的工作。

第一节　并购概念界说

企业并购是兼并（Merger）和收购（Acquisition）（简写为M&A）的合称。在英文里，M&A是一个内涵十分广泛的概念，除了Merger和Acquisition外，常见的词还有Consolidation（合并）、Amalgamation（兼并，与Merger同义）、Conglomerate（混合公司）、Buyout［控股收购，如杠杆收购（Leveraged Buyout）、管理层收购（Management Buyout）等］、Tender offer（溢价收购）、Takeover（接管）等。这些词都有两个或两个以上独立企业（公司）进行重组合并的含义，统称为“并购”，即一家企业以一定代价和成本（如现金、股权和负债等）来取得另外一家或几家独立企业的经营控制权和全部或部分资产所有权的行为。在企业并购中，通常把买方企业称为并购企业（Acquiring Firms），卖方企业称为被并购企业或目标企业（Target Firms）。

从严格意义上说，兼并和收购是有一定区别的。按照《大美百科全书》（*Encyclopedia Americana*）的解释，"兼并是指两个或两个以上的企业组织组合为一个企业组织，一个厂商继续存在，其他厂商丧失其独立身份，唯有剩下的厂商保留其原有名称和章程，并取得其他厂商的资产"。兼并在《新大不列颠百科全书》（*The New Encyclopedia Britannica*）中被定义为："两家或更多的独立企业或公司合并组成一家企业，通常由一家占优势的公司吸收一家或更多的公司。一项兼并行为可以通过以下方式完成：用现金或证券购买其他公司的资产；购买其他公司的股份或股票；对其他公司的股东发行新股票，以换取所持有的股权，从而取得其他公司的资产和负债。"在《国际社会科学百科全书》（*International Encyclopedia of Social Science*）中则对兼并作了较简单的定义："兼并是指两家或更多的不同的独立的企业合并为一家。这种合并可以采取多种形式，最典型的一种是一家公司用现金、股份或负债方式来直接购买另一家公司的资产。"

在我国《公司法》中，企业兼并属于公司合并的一种。公司合并有吸收合并和新设合并两种形式，吸收合并是指一个公司吸收其他公司，被吸收的公司解散，并依法办理注销手续，被吸收公司的债券、债务由承继公司承继，这事实上就是兼并。新设合并是指两个以上的公司合并设立一个新公司，合并方解散，合并各方的债券、债务依法办理注销，并办理新公司设立登记。

我国财政部 CPA 教材上将兼并定义为：通常是指一家企业以现金、证券或其他形式购买取得其他企业的产权，使其他企业丧失法人资格或改变法人实体，并取得对这些企业决策控制权的经济行为。

一个非常有意思的现象是，在权威的《新帕尔格雷夫货币金融大词典》（2000 年版）中，Acquisitions 被翻译成为兼并，而一般来讲，Acquisitions 对应的应该是收购。《新帕尔格雷夫货币金融大词典》中 Acquisitions 被解释为：一家公司购买另一家公司的资产或证券的大部分，目的通常是重组其经营，目标可能是目标公司的一个部门（部门收购，母公司出售或回收子公司股权与之脱离关系或让产易股），或者是目标公司全部或大部分有投票权的普通股（合并或部分收购）。我国财政部 CPA 教材上将收购定义为：企业用现金、债券或股票购买另一家企业的部分或全部资产或股权，以获得该企业的控制权，收购的对象一般有两种：股权和资产。收购股权与收购资产的主要区别在于：收购股权是购买一家企业的股份，收购方将成为被收购方的股东，因此要承担该企业的债权和债务；而收购资产则仅仅是一般资产的买卖行为，由于在收购目标公司资产时并未收购其股份，收购方无需承担其债务。

由此可见，兼并行为的结果通常是卖方企业法人地位丧失，而成为买方企业的一部分。例如，A 企业兼并 B 企业，A 企业的法人地位继续存在，B 企业的法人地位则被取消，表示为 A + B = A。而收购是指一家公司在证券市场上用现金、股权或债券购买另一家公司的股票或资产，以获得对该公司的控制权，但该公司的法人地位并不一定消失，表示为 A + B = A + B。从产权经济学角度看，兼并是企业产权的一次彻底转让，买方企业无论从实质上还是形式上都完全拥有了卖方企业的终极所有权和法人所有权；而在收购行为中，卖方企业仍保留着形式上的法人财产权，买方企业只是通过全部或部分终极所有权的购买而获得对卖方企业全部或部分法人财产权的实质上的控制。这就是说，企业并购不一定导致卖方企业独立法人地位的消失，但必然导致买方企业对卖方企业全面或部分的控制。

但随着全球化经济大发展，实业界的创新活动层出不穷，企业兼并和企业收购的界限越来越模糊。正如威斯通所言："传统的主题已经扩展到包括接管以及相关的公司重组、公司控制、企业所有权结构变更等问题上，为简便起见，我们把它们统称为并购（M&A）。"在西方学者的经济学研究中，往往把兼并和收购捆绑在一起作为研究对象，这样可以使学术研究的兼容性更强。在我国也不十分强调二者的区别，所以兼并、合并与收购常作为同义词使用，泛指在市场机制作用下企业为了获得其他企业的控制权而进行的产权交易活动。

在本书研究中，除特别注明外，对兼并和收购等概念不做区分，统一用“并购”一词称之，其对象包括整体企业的买卖和企业部分控制权的转移。

关于上市公司收购的界定。按照我国2002年12月1日颁布并实施的《上市公司收购管理办法》，收购人通过在证券交易所的股份转让活动持有一个上市公司的股份达到一定比例、通过证券交易所股份转让活动以外的其他合法途径控制一个上市公司的股份达到一定程度，导致其获得或者可能获得对该公司的实际控制权的行为即为上市公司收购。本书亦是以上市公司并购为主要研究对象，但并不局限于控制权发生转移。

企业并购行为最常见的分类方法是按照交易各方之间的市场关系，把并购分为横向并购、纵向并购和混合并购三种基本类型。横向并购（Horizontal M&A）是同一产业或同一生产部门的企业之间发生的并购，或者说是两个（或两个以上）生产和销售相同或相似产品的企业之间的并购；纵向并购（Vertical M&A）是指处于同种产品不同生产阶段上的企业之间的并购；混合并购（Conglomerate M&A）是指并购企业和被并购企业分别处于互不相关的部门，它们各自生产不同的产品，而且它们之间没有特别的生产技术联系。根据交易方式的不同，并购可分为资产收购、股权收购、股权置换、资产置换等。其中，资产收购是指一家企业通过收购另一家企业的资产以达到控制该企业的行为；股权收购是指一家企业通过收购另一家企业的股权以达到控制该企业的行为；资产置换是指上市公司控股股东以优质资产或现金置换上市公司的呆滞资产，或以主营业务资产置换非主营业务资产等情况，包括整体资产置换和部分资产置换等形式。

第二节　总体并购活动时间性研究综述

在整个并购史上，并购活动表现出不断波动的特性。这种波动对并购理论提出了挑战，它认为一种完整的并购理论应该能够说明总体并购活动的时间特性，要求并购理论解释这种总体并购活动的时间特性或其决定因素。事实上，还没有一种公认的理论能够同时解释并购活动背后的动机、并购企业和被并购企业的特征以及并购活动集中程度的决定因素等。借助对历史文献的梳理，通过对并购数据进行定量分析，为检测并购理论的合理性提供了机会。

一 尼尔森（Nelson）的研究成果

并购活动表现出与经济周期密切的相关性。尼尔森（1959）研究了并购活动与经济周期、工业产值、股票价格、股票交易以及行业合并等之间的时滞关系。从1897年到1954年，大体上有14个经济周期和12个并购周期。在这12个并购周期中，有11个周期的转折点与经济周期的转折点存在精确的时间对应关系。没有出现相应的并购周期的两个经济周期（1911—1919、1921—1923）或者是持续时间很短，或者是幅度较小。经济周期中，1953—1954年的收缩过程中也没有出现相应的并购收缩，而这次经济收缩也是那60年中最轻微的一次。

并购活动顺周期运动的一个重要特征就是，并购活动的高峰往往领先于参考经济周期的高峰。然而，低谷出现的时间顺序不像高峰期那么一致。尼尔森认为，这种时间顺序上的不一致说明："在低迷时期，经济力量相对比较分散和疲软，难以促使并购活动形成较大的一致性。"

将并购活动与其他特定的经济数据相比较，发现并购活动与股票交易、股票价格以及行业合并之间存在密切的关系。不论是低潮还是高潮，这些经济变量与并购活动的平均时滞大约不超过三个月。尤其是，并购活动的高峰比股票价格的顶点提前一个月出现，但其低谷比股票价格的低谷迟三个月出现。

对消除趋势后的数据的进一步分析表明，在并购活动比较活跃的时期，并购活动与股票价格变化的正相关性大于与工业产值变化的正相关性。而在并购活动比较平淡的时期，并购活动与工业产值之间具有更大的正相关性（或更小的负相关性）。

这些结果与此前威斯通和马克汉姆的发现是一致的。威斯通（1953）运用回归分析证明了并购活动与股票价格在统计意义上显著相关，而与工业产值则没有这种关系。马克汉姆（1955）计算出来的相关系数表明并购活动与这两者之间的相关系数都是显著的，但与股票价格的相关性更大一些。并购活动与工业产值之间相对较低的相关性，是由于尼尔森所发现的这两个时间序列在波动转折点方面的时滞而引起的（并购领先于工业产值五个月以上）。

在随后的研究中，尼尔森（1966）发现，在1919—1961年间，并购活动的高峰平均比股票价格的高峰领先五个月，而厂房建设合同和设备订单的高峰则与股票价格的高峰一致。他对此现象的解释是，企业在股票价格上涨的早期和进行内部投资之前，选择通过并购进行外部扩张。尼尔森认为，一个可能的原因是，在股票换股票的交易中，交易双方都会遇到预测双方股票价格的困难，因此都希望通过在扩张期的开始就完成合并，以尽量避免这种决策中所包含的不确定性。另一方面，尼尔森认为原因是这种现象反映了并购可以更快地获得收入和利润，而内部投资往往需要一个较长的等待期。

在这一研究中，他还发现并购活动的高峰平均出现在参考期低谷的19个月之后，对于一个持续29个月的周期性扩张来说，大约相当于其2/3时点处。因此，认为并购发生在经济复苏的早期并为随后的经济扩张奠定基础的想法是不正确的。并购高潮领先于整体经济的事实，可能反映了在特定时期存在许多适于被并购的企业，随着在并购高潮中这些企业逐渐被收购，并购活动重新恢复到较低的水平。

二 并购活动时间性的最新研究成果

根据上文可知，尼尔森（1959、1966）发现，较高水平并购活动之后总会跟随长期的较低水平的并购活动；Scherer和Ross（1990），Blair、Lane和Schary（1991）等都支持以上观点。

Golbe和White（1993）分析了并购活动基于时间回归的残差后发现了支持并购活动存在周期行为的证据。

Scott C. Linn（1997）利用正规的检验方法证明了总体并购活动遵循一个稳定的区制转移过程，从而为并购浪潮假说的成立提供进一步的证据。

然而，Shughart 和 Tollison（1984）认为，并购数量遵循随机游走或一阶自回归过程，且一阶自回归系数接近1，但不等于1，从而并购浪潮并不存在。

Barkoulas（2001）通过实证研究认为美国并购活动没有严格的周期性，表现为非周期循环，并否定了“白噪声过程”假说。

梅里彻尔、雷多特和丹托尼奥（1983）利用时间序列分析方法研究并购活动与工业活动、经济萧条、股票价格以及利率等宏观经济变量之间的关系。他们使用的是联邦贸易委员会公布的自1947年与1977年的季度性并购数据（不是大型并购数据）。每个时间序列都被转化，也就是单一变量时间序列模型中的剩余变量或不相关的随机变量，并与其他已经处理的时间序列进行相关分析，以寻求可能存在的时间上领先或滞后关系。他们的发现如下：

（1）股票价格上涨（下跌）后一个季度内出现并购活动的增加（减少）。由于并购往往在开始并购谈判后两个季度才能完成，并购谈判活动可能比股票价格的变化领先一个季度。

（2）并购活动与先前的债券市场收益率负相关，但其相关程度弱于与股票价格的相关程度。并且，债券市场收益率的上升导致同期股票价格的下降，而股票价格的上升则导致下一阶段债券市场收益率的上升（因为经济活动增强）。

（3）并购活动和股票价格的变化都领先于工业产值的变化。

（4）并购活动比经济衰退领先一个季度，并且两者之间负相关。

在此基础上，梅里彻尔、雷多特和丹托尼奥着手建立模型，利用股票价格和债券收益率来解释未来的并购活动的变化。这与资本市场状况（股票价格、利率）及其背后的动因可以解释并购活动的时间性变化的观点是一致的。既然并购在并购谈判开始后两个季度才能完成，不断增加的并购活动可能反映了对股票价格上升和利率下降的预期。

贝克迪（1986）也曾经研究过并购与宏观经济的关系问题。他使用的是1948—1979年联邦贸易委员会的“大型并购数据”以及1979—1985年的《合并与收购》杂志的数据。在研究过程中，他首先消除了每个时间序列中自相关的部分，然后将其标准化，以使得这两个季度性并购数据可比。随后，他将合并后的并购数据与股票价格指数、三个月期国库券收益率、货币供应量、国内非金融性债券总量、设备利用率以及国民生产总值进行比较。结果表明，过去的股票价格指数、设备利用率以及债券总额与并购活动正相关，过去的国库券利率和国民生产总值则与并购活动负相关。相关性并非始终具有统计意义上的显著性，它取决于并购数据的衡量方法（并购数目还是规模）以及考察的是短期效应还是长期效应。

股票价格指数的相关系数通常不显著，国民生产总值则通常具有负相关系数。这种出人意料的结果是由于不恰当地使用了含有趋势的变量来解释不含趋势的从属变量。此外，并购活动与国民生产总值的负相关也可能是因为并购活动的高潮总是领先于总体经济。贝克迪对其结果的解释是：

（1）利率的改变影响借贷资金的成本和收益，即并购的成本。

（2）短期来看，设备利用率的提高领先于并购活动的上升。这表明企业将并购视为增加规模的一种途径。尽管在一般情况下，规模的扩张是通过内部投资实现的。然而，设备利用率的波动对并购活动没有长期影响（因为滞后相关系数的综合在统计上并不显著）。

（3）债务总和及货币供应量对并购活动没有始终一致的影响。

戈伯和怀特（1987）研究了并购活动的决定因素。他们检测了：（1）议价假说（bargains hypothesis），认为当企业资产价格低于其重置价值时，并购活动就会增加；（2）市场变化假说，认为相对价格的变化标志着工业有效规模的变化，从而导致并购的出现；（3）资本成本假说，认为资本的实际成本影响并购的时机、财务成本及预期收益；（4）税收制度虚拟变量，以反映1954年、1963年及1981年的税法改革；（5）意见分歧假说，认为对未来价格走势的看法发生分歧时，并购活动就会增加。

戈伯和怀特也将联邦贸易委员会的“大型并购数据”与《合并与收购》杂志的美国国内数据合并。为了运用多元回归方法检验上述假设，他们用真实利率代表资本成本，用列文斯顿（Livingston）一年后消费者物价指数预测调查结果的方差的相关系数代表对价格预测的分歧。他们的回归结果表明，并购活动与名义国民生产总值和托宾 q 值（代表交易假说）显著相关。检验表明，并购活动与其他任何变量之间都不存在显著的相关性。托宾 q 值的正相关系数与交易假设矛盾，因为后者预期并购活动与托宾 q 值之间负相关。

他们的研究成果还表明并购活动具有较强的自相关性，自相关并不一定与并购的波浪式发展形态矛盾。

尽管丹尼斯·穆顿（1969）开创性地将并购作为投资的一种形式加以讨论，但直到 1987 年，这方面的问题才得到深入的研究。George Bittlingmayer（1987）在他的论文《作为一种投资方式的并购》的开始就指出，并购决策是投资决策的副产品。这一非常简单的观点得到了统计数据的支持。在产业层次上，平均每单位账面价值对应的并购投资额与平均每名员工对应的新投资额之间存在正相关。对于美国，在 1948—1979 年期间，相关系数为 0.273；对于德国，在 1973—1982 年期间，相关系数为 0.567。这些相关数据确实揭示了并购活动与投资活动之间的关系。George Bittlingmayer 还发现，1948 年，司法部与联邦贸易委员会反托拉斯案件的增加与并购的数目负相关。这与 George Bittlingmayer（1985）关于 1890—1902 年期间重要反托拉斯案件与并购创新之间存在密切的时间联系的发现是一致的。

Clark et al.（1988）发现，在美国 1919—1971 年间，并购活动与股价之间存在格兰杰因果关系。

Roger（1996）同时采用并购数量和总体并购价值两个指标研究了并购活动与股价之间的关系后发现，经过格兰杰非因果关系检验，股票市场收益能够用来稳定预测并购活动。

Haque、Harnhirum and Shapiro（1995）采用格兰杰非因果性检验方法研究了加拿大的并购、股价和利率之间的关系后发现，并购、股价和利率之间存在两两双向反馈关系。

Cheng（1993）利用检验长期均衡关系的协整检验方法及检验短期关系的 VAR 方法研究了美国和日本的并购活动，并对其进行了比较分析。该研究发现，在两个国家里，并购活动与宏观经济活动之间存在长期均衡关系，除此以外，他们发现，在美国，并购活动和股价正相关，而在日本，并购活动与 GDP 负相关。在因果关系方面，他们发现，美国的股价、利率与并购活动是单向反馈关系，而在日本，则为双向反馈关系。

Chien-Chung Nieh（2002）利用美国 1975 年一季度至 2001 年二季度的季度数据研究了并购活动与 GDP、股票指数、劳动成本和利率等宏观经济变量之间的动态关系，其所用的方法包括协整、VAR 模型、脉冲相应函数及方差分解等。在他的研究中，并购活动是用并购交易笔数的季度数据来表示的。研究结果表明，长期中，并购活动与这些宏观经济变量之间存在共同的发展趋势。短期里，GDP 与并购活动的关系最紧密，其次是股票指数。这说明，并购浪潮或并购周期总是受到经济环境的影响，特别是 GDP。并购活动与 GDP 之间关系紧密的事实要求政策制定者应密切关注并购活动的发展趋势，尽力改善经济发展。

Beckenstein（1979），Melicher、Ledolter and D'Antonio（1983）提供了支持并购活动与股票价格负相关的证据。

Geroski（1984）发现，并购活动与股票价格间不存在格兰杰因果关系，但其指出这种关系并不稳定。

Guerard（1989）发现在美国 1895—1964 年间，股价并不能引起并购。以上所有的研究在衡量并购活动方面都是采用并购数量。

Steiner（1975）和 Guerard（1985、1989）分别给出了支持并购活动与 GDP 之间存在正相关性的进一步证据。

另外，Steiner（1975），Melicher、Ledolter and D'Antonio（1983），Becketti（1986）研究并购活动与利率的相关关系后发现，并购活动与利率负相关。

Polonchek and Sushka（1987）在研究中把并购活动看作是资本预算决策。其研究结果表明，资本成本和与其投资回报等公司特定因素和宏观经济因素同等重要。

近年来的研究还考察了并购活动与产业的相关性，Jovanvic（2000）

认为技术转移是引导并购行为在企业和产业之间更替的关键因素。Andrade 等（2004）发现，并购时机与一般非并购商业投资的时机有所不同：在产业水平上，一般商业投资的时机相当稳定，然而并购行为更多地集中在一些小段时间上，他们注意到过去 25 年间主要发生并购的产业随着时间推移有显著变化。

最新的研究成果还把公司管制和市场立法视为影响并购活动的主要因素。Andrade 等（2001）注意到对管制放松的反应，并购行为集中出现在管制放松后的时期内。Rossi 等（2004）研究了最近 10 年来 49 个主要国家的并购行为，发现市场立法和管制的差异是导致各国不同并购密度和方式的重要原因，那些会计准则更规范、对股东保护更有力的国家将出现更多的并购交易，这意味着旨在保护投资者利益的公司管理体制有助于形成更为活跃的并购市场。

关于总体并购活动的时间序列特征的研究有 Town（1992）利用双区制马尔科夫转移模型考虑了均值的不同，这在刻画序列特征方面比 ARIMA 模型要精确得多；Golbe 和 White（1993）成功地拟合了一个正弦波来刻画并购数量序列；Barkoulas、Baum 和 Chakraborty（2001）利用长记忆过程来刻画美国并购活动的总体水平。Sian Owen（2004）利用三状态马尔科夫区制转移模型来刻画英国总体并购活动。

美国学者的大多数统计分析研究结果表明，并购活动是顺应经济周期的。并购活动大致与股票价格运动同步（尼尔森的研究表明，并购活动比股票价格运动领先约一个季度；梅里彻尔、雷多特和丹托尼奥以及贝克迪的研究表明，并购活动落后于股票价格的变动）。并购活动的高峰领先于整体经济周期的高峰。最近的研究还表明，利率的上升领先于并购活动的下降。人们提出了许多理由来解释这些现象。其中有些理由事实上可能是正确的，但往往缺乏一致而连贯的表达，因而没有足够的说服力。这种状况说明了还缺乏通用的理论假设。马克汉姆（1955）已经指出了这一点。例如，股票价格与兼并活动正相关的事实并不能告诉我们为什么会发生并购，以及并购活动为什么会有波动。股票价格本身受到诸如利润预期、商业风险以及利率等深层因素的影响。如果没有理论的帮助，很难确定究竟是其中哪些因素导致了并购活动的波动，或者是否仅股票价格变化自身引起了这种波动。

国内关于并购时间性的研究非常少见，到目前为止，所有与此有关的研究包括：王一（2000）、束琴和史耀疆（2001）分别提出了中国公司并购的“三阶段假说”和“五阶段假说”。冯巧根等（2003）研究了我国1998—2001年间总体并购活动的时间序列特征。毛定祥（2002）利用回归模型对上交所1999年429家公司的并购规律作了实证分析发现，影响并购行为最主要的因素是公司的盈利能力，其次是每股权益和主营业务利润率，公司的偿债能力与并购行为基本无关。张斌（2004）的实证研究认为，网络类上市公司成为被并购对象与其经营盈利有较为显著的相关关系：公司先前的经营状况越不理想，被收购的可能性就越大。相反，网络公司并购其他企业的行为同其经营盈利没有显著关系。

第三节　并购动因理论研究综述

自19世纪以来，西方市场经济国家已经先后掀起了五次并购浪潮。我国的并购也随着资本市场的发展而逐渐兴起并蓬勃发展。这使人们不禁要问：是什么原因驱使着企业进行并购活动呢？这是并购动因理论要回答的问题。对目前企业并购动因理论进行梳理，有助于我们对并购浪潮背后原因的解释，有助于对本书实证结果的理解，对本书最后总结总体并购活动的影响因素也起到基础作用。企业并购作为现代经济史上一个十分突出的现象，西方学者对其产生和发展作了广泛而深入的研究。为了便于比较各种学派对并购动因的解释，下面就对不同理论背景下的并购动因进行梳理和评述。

一　新古典经济学的企业并购动因

新古典经济学从利润最大化的传统假设出发，将企业并购看作是企业追求利润最大化的行为，据此提出了以下一些理论或假说：

1. 效率理论（Efficiency Theory）

效率理论认为，企业并购活动有着潜在的社会效益，企业并购的动因在于通过并购可以获得某种协同效应，即 1+1>2 效应。这种协同效应可来自管理、经营和财务等方面。

首先是管理协同效应。该理论认为企业并购的动因在于并购企业和目标企业之间在管理效率上的差异。即如果 A 企业的管理层比 B 企业的管理层有效率，那么 A 企业可以通过并购 B 企业的方式，使 B 企业的效率提升至同样的水平。这不仅会给单个企业带来效率，也会给整个社会带来福利的增进，这是一种帕累托（Pareto）改进。换句话说，如果某企业管理层的能力超过了企业内部管理的要求，那么就可以通过并购其他企业的方式来进行"管理的溢出"，使管理资源得到充分的发挥，由于这种"溢出"将目标企业的非效率资本与并购企业的有效率管理结合在一起，便实现了协同效应。显然，管理协同假说暗含的前提是企业之间在管理效率上要存在可比性，即并购双方处于同一行业，目标企业的管理效率低于行业平均水平或现有的经营潜力未充分发挥出来，并且并购企业有能力改善目标企业的经营业绩，因此，这一理论常常视为横向并购的理论依据之一。然而，如果把这一理论引向极端，即整个社会只有一家企业（管理水平最佳的一家）时，其效率将达到最大化。显然，这是不现实的，因为组织规模的扩大会受企业内部协调和管理能力所限。加之现实中大量的并购是发生在不同行业的企业之间。因此，管理协同假说不能对并购动因作出完整的解释。

其次是经营协同效应。对于横向并购，通过扩大经营规模，可以降低平均成本，提高利润，实现规模经济效应。或者是通过并购，使企业间的优势互补，如 A 企业在研究与开发方面有很强的实力，但在市场营销方面较为薄弱，而 B 企业在市场营销方面有优势，但在研究与开发方面能力不足，两企业之间的并购可以实现能力互补。这里隐含了对某些现存的要素未充分利用，而另一些生产要素却没有给予足够的投入。对于纵向并购，经营协同效应来自交易费用的节约（威廉姆森，1975）。

再次是财务协同效应。该理论认为，企业并购能够有效降低企业的资本成本，比如并购产生的“债务的共同担保”效应、“现金的内部流转”效应等，可以使企业的资金筹措成本大大降低[①]。此外，当并购企业与目标企业的现金流量没有明显的高度相关时，风险分散化的目的就会达到，这就是“多角化战略”和“风险分散说”的观点[②]。广义上的财务协同效应还包括“预期效应”，即由于并购使市场对企业股票评价发生改变而对股票价格的影响，是股票投机的一大因素。赋税考虑说[③]（Tax Consideration）也认为，税收制度有时也会鼓励企业参与并购。假如所得税率和资本收益税率有差别，企业主可以出卖企业，以减少其纳税的资本收益，即使这种合并会导致企业盈利能力的下降，只要企业主能够在并购中获得相对收益，那么他依然会愿意出售企业。另一方面，在某种特定的税收政策下，如果企业并购能够创造一种宽松环境，使资本结构变得能够获得更优惠的税收待遇，那么也会导致并购的发生。除了企业资本结构方面的所得税和资本收益税之外，营业税也在并购动因的考虑之列，如泰勒尔认为：由于交易内部化可以避免在中间阶段支付营业税，于是常常导致纵向关联的企业实行一体化[④]。

最后是多元化经营理论。所谓多元化经营，是指企业同时从事或经营多种相关程度较低或不相关的产业。对于一个企业来说，多元化经营可以分散风险，稳定收入来源。

2. 市场力假说（Market Power）

该假说将企业并购的动因归结为并购能够提高市场占有率[⑤]。由于市场竞争对手的减少，并购企业可以增加对市场的控制能力。但市场占有率的提高并不意味着规模效益的达成，只有在并购企业既增加了市场占有率，又实现了规模经济的条件下，这一假说才能成立。与此相关的“垄

---

① J. 弗雷德·威斯通等：《兼并、重组与公司控制》，经济科学出版社 1998 年版。

② P. S. 萨德沙纳姆：《兼并与收购》，中信出版社 1998 年版。

③ J. 弗雷德·威斯通等：《兼并、重组与公司控制》，经济科学出版社 1998 年版。

④ 泰勒尔：《产业组织理论》，中国人民大学出版社 1997 年版。

⑤ Meeks, G., *Disappointing Marriage: A Study of the Gains from Merger*, Cambridge University Press, 1997.

断利润假说”也认为，当企业并购造成的市场控制力达到一定程度时，并购企业便可以获得垄断利润。事实上，这一假说正是对并购加以限制的理论依据。

3. 价值低估说

该理论认为企业并购动因在于目标企业价值的低估①。比如由于目标企业管理层的无能或经济环境的变化，使得目标企业的价值在某一时期被低估了，即目标企业资产的市场价值与其重置成本之间存在着差异，二者的比例用 q 表示。假如并购企业的 q 比例等于 1，目标企业的 q 比例为 0.6，并购企业在目标企业市场价值的基础上再支付 50% 的溢价进行收购，对并购企业来讲也是值得的，与重置成本相比，还节约了 10%。

4. 信息与信号（Information and Signaling）

该假说可以区分为两种形式，一种认为企业并购会散布关于目标企业价值被低估的信息，并促使股票市场对此进行重新估价。这样的目标企业被称为“坐在金矿上”的企业。另一种形式认为并购要约（tender offer）会激励目标企业管理层自身贯彻更有效的战略，即所谓的“鞭策效应”。信息与信号的发布可以有多种方式包含在并购活动中，并购活动可能会给市场这样的信息：目标企业拥有迄今为止尚未被认识到的价值，或者企业未来的现金流量会增长；当并购企业用普通股来购买目标企业时，可能会传递并购企业普通股价值被高估的信息，而当并购企业重新回购企业股票时，又向市场发出企业股票价值被低估，或者企业将有新的成长机会的信号②。

二 委托—代理理论的企业并购动因

该理论大都是建立在詹森和迈克林（Jensen and Meckling，1976）的

① Weston, J. F., Chung, K. S. and Hoag, S. E., *Merger, Restructuring and Corporate Control*, Published by Prentice-Hall Inc., 1996.

② Bradley, M., Anand Desai and Han Kim, E., “The Rationale behind Interfirm Tender Offer: Information or Synergy?” *Journal of Financial Economics*, Vol. 11 (1983), pp. 183—206.

代理成本理论基础上①，主要有以下几种假说：

1. 降低代理成本假说

法玛和詹森等人认为，当代理问题不能通过组织和市场机制得到有效控制时，并购将是解决这一问题的外部控制手段。接管通过要约收购或代理之争，可以使外部管理者战胜现有的管理层和董事会，从而取得对目标企业的决策控制权。如果目标企业的管理层因为无效率或代理问题导致经营管理不善，就会面临着被收购的威胁②。

2. 自由现金流假说

詹森（Jensen，1986）对自由现金流量的定义为：自由现金流量是指超过了所有可以带来正收益的净现值，却以低于资本相关成本进行投资的现金流量。在企业产生巨大的自由现金流量时，股东和管理者对公司报酬政策会产生严重的冲突，如果企业是有效运行的，并且实行股东利益最大化政策，那么这些自由现金流量必须支付股东，这就减少了管理者控制的资源，也就减少了管理者的权利。由于管理者的收入或晋升与企业规模的扩大有密切的联系，促使管理者积极地扩大企业的规模，这就有可能出现管理者用自由现金流量进行低于资金成本的投资或在企业内部浪费资本的行为。于是自由现金流量假说认为，并购活动有助于减少股东与管理者之间的代理成本，从而化解股东与管理者之间的冲突③。

3. 过于自负假说（Hubris Hypothesis，R. Roll）

罗尔（Roll，1986）认为并购企业的决策者过高地估计管理者运用目标企业资源的能力，企业并购是为了满足管理层的野心和自负动机，以便

---

① Jensen，M. C. and Meckling，W.，"Theory of the Firm：Managerial Behavior，Agency Costs and Ownership Structure"，*Journal of Financial Economics*，Vol. 3（1976），pp. 305—360.

② Fama，E. F. and Jensen，M. C.，"Separation of Ownership and Control"，*Journal of Law and Economics*，Vol. 26（1983），pp. 301—325. M. C. Jensen and R. S. Ruback，"The Market for Corporate Control：the Scientific Evidence"，*Journal of Financial Economics*，Vol. 11（1983），pp. 5—50.

③ Jensen，M. C.，"Agency costs of Free Cash Flow，Corporate Finance and Takeover"，*American Economic Review*，Vol. 76（May 1986），pp. 323—329.

展现他们的管理才能和技能[①]。该假说意味着管理者的决策违背了股东的利益，尽管管理者的意图是通过并购来增加企业的资产，但采取的行动并不总是正确的，这正是自负的结果。

三　新制度经济学的企业并购动因

经济学在20世纪70年代中后期获得了迅速的发展，新制度经济理论的异军突起，为人们分析经济社会问题提供了一个全新的视角[②]。“市场缺陷论”以新制度经济学中的交易费用理论为基础对并购动因进行了阐述，该理论认为企业并购是减少企业交易成本的一种手段，企业以内部组织代替市场的根本原因在于内化了原本属于市场范畴的交易成本，所以交易费用理论又称为“内部化理论”。科斯和威廉姆森从交易费用的角度论述了企业扩张的内在诱因：市场交易的特点是人人为己，而企业内部交换的特点是交换双方的利益根本一致[③]。企业的扩张可以内化许多本属于市场范畴的交易，从而节约交易费用。企业的扩大可以是横向的，也可以是纵向的。交易费用理论更多地研究了纵向扩大的问题。该理论认为，纵向扩大的关键在于“资产的专用性”，即某一资产对市场的依赖程度。一般而言，资产专用性越高，市场交易的潜在费用越大，企业纵向并购的可能性就越大。当资产专用性达到一定程度，市场交易的潜在费用就会阻止企业继续依赖市场，这时纵向并购就会出现。

交易费用理论不再以传统的消费者和厂商作为经济分析基本单位，而是把交易作为经济分析的“细胞”，并在有限理性、机会主义动机、不确定性和市场不完全等几个假设的基础上展开，认为市场运作的复杂性会导致完成交易要付出高昂的费用（包括搜寻、谈判、监督等费用）。为节约这些交易费用，可用新的交易形式——企业并购来代替市场交易。

这一理论在解释并购活动的同时，认为并购的动因在于节约交易费

---

① Roll Richard, “The Hubris Hypothesis of Corporate Takeover”, *Journal of Business*, Vol. 59 (April 1986), pp. 197—216.

② 卢现祥：《西方新制度经济学》，中国发展出版社1996年版。

③ 科斯：《企业的性质——企业、市场与法律》，上海三联书店1990年版。

用。通过并购节约交易费用，表现在以下几方面：

第一，企业通过研究与开发的投入获得产品——知识。在市场存在信息不对称和外部性的情况下，知识的市场价值难以实现，即使得以实现，也需要付出高昂的谈判成本和监督成本，这时，可通过并购使专门的知识在同一企业内运用，以达到节约交易费用的目的。

第二，企业的商誉为无形资产，其运用也会遇到外部性问题。因为某一商标使用者降低其产品质量，可以获得成本下降的大部分好处。而商誉损失则由所有商标使用者共同承担。解决这一问题的办法有两条：一是增加监督，保证合同规定的产品最低质量，但会使监督成本大大增加；二是通过并购将商标使用者变为企业的内部成员。作为内部成员，降低质量只会承受损失而得不到利益，从而消除机会主义动机。

第三，有些企业的生产需要大量的专门中间产品投入，而这些中间产品时常存在供给不确定、质量难以控制和机会主义行为等问题。这时，企业可通过合约固定交易条件，但这种合约存在道德风险。当这一矛盾难以解决时，通过并购将合作者变为内部机构，就可以消除上述问题。

第四，一些生产企业，为开拓市场，需要大量的促销投资，这种投资由于专用于某一企业的某一产品，会有很强的资产专用性。同时销售企业具有显著的规模经济，一定程度上形成进入壁垒，限制竞争者加入，形成市场中的“少数问题”。当市场中存在少数问题时，一旦投入较强的专用性资产，就要承担对方违约造成的巨大损失。为减少这种风险，要付出高昂的谈判成本和监督成本。在这种成本高到一定程度时，并购成为最佳选择。

第五，企业通过并购会形成规模庞大的组织，当企业内部组织活动所需的组织资本低于市场运作的交易成本时，并购才是有效的。

四　简短评述

通过并购动因理论的梳理我们发现，从 19 世纪末的第一次并购浪潮开始，西方学者对企业并购的理论研究也力图回答并购动因问题，由此提出了各种各样的理论和假说。然而，由于不同学派所依托的经济理论基础不同，从而形成的动因假说也不同，但这些假说都无法单独对并购作出全面的解释。譬如说，交易成本理论对纵向并购具有较强的解释力，但对横向并购和混合并购则缺乏说服力。这就需要我们在审视并购活动时，应系统地、综合地考察其并购动因。并购动因理论为我们分析影响总体并购活动的因素体系奠定了理论基础，对本书的研究工作具有重要的指导意义。

第二章

全球并购浪潮的简要回顾

到目前为止，西方发达国家自19世纪末至今，共经历了五次比较大的并购浪潮。每次并购浪潮都是在特定的历史背景下发生的，与当时经济发展阶段相适应。而且，这五次并购浪潮表现出了不同的特点，特别是始于20世纪90年代中叶的第五次并购浪潮更是为近现代经济发展史上所罕见，对世界经济产生了深远的影响。本章通过对五次并购浪潮进行简要回顾，初步了解全球总体并购活动的浪潮式发展的典型事实，以便能从对比的角度审视我国的总体并购活动，为本书的研究提供必要的背景知识，便于对本书研究脉络的理解。

第一节　第一次并购浪潮(19世纪末至20世纪初)

第一次并购浪潮发生于19世纪末至20世纪初，其高峰期为1898—1903年。美国在1898—1903年的并购高峰期里，被并购企业总数达2653家，其中仅1898年一年因并购而消失的企业就达1028家。英国在1880—1918年间有655家中小型企业通过并购组成74家大型公司，垄断着主要工业部门，并购发生较多的领域是纺织品行业，基础设施、重工业领域的并购活动也得到了发展。这次并购浪潮使西方国家逐渐形成了现代工业结构，因而它是西方并购史上较为重要的一次。

一　第一次并购浪潮的背景

总的来说，第一次企业并购浪潮发生的背景如下：

(1) 18 世纪的产业革命以蒸汽机和各种机器的发明使世界进入了大机器工业时代。到了 19 世纪下半叶，由于电力的发明和广泛使用而形成了第二次产业革命，人类从此跨入了电气时代。在这种背景下，单靠个别企业的内部资本积累已不能满足当时社会化生产的要求。先进设备和社会化大生产要求集中化的大资本。所以，企业的相互并购就成了当时生产社会化要求的必然产物。

(2) 美国证券市场的形成与发展。证券市场的形成和发展对第一次企业并购浪潮的产生起到了促进作用。1863 年成立的纽约股票交易所，其后成立的波士顿股票交易所、费城股票交易所、巴尔的摩股票交易所等，都为工业股票的上市提供了便利条件，为并购活动提供了新的场所。据有关统计资料显示，在并购的高峰期，将近 60% 的并购活动是在证券市场进行的。证券业和并购活动的发展也促进了新的经纪阶层——并购经纪人阶层的形成，由此又进一步促进了企业并购的展开。

(3) 银行业对企业并购的积极促进。在企业并购过程中，银行为企业并购提供资金支持，也作为并购活动的中介机构和顾问在企业间的并购中起到“撮合”作用。在这一时期，美国大约有 25% 的企业并购得到了银行特别是投资银行的帮助。

二　主要国家的并购浪潮

(1) 美国企业的兼并。美国企业兼并最早发生在石油工业中。该工业在 1870 年已经极有成效地掌握了大量生产石油的新技术。1872 年，当时全国最大的炼油厂——“标准石油”公司，以大量生产和低成本作业形成的经济实力敦促一些主要的石油加工企业，成立了国内最大的工业卡特尔“联盟”。它们首先向湖岸铁路公司提出，在“标准石油”公司能够于克利夫兰和纽约市之间每天提供 60 车石油运输量的情况下，湖岸铁路公司应把每桶运费自 2 美元降到 1.35 美元。获得铁路公司同意后，又邀请其他炼油中心的企业加入优惠运费率协定。1882年由40家公司组成标准石油托拉斯。这家托拉斯公司成立一个制造委员会和一组协同工作的职能办公室负责进行集中管理，统一销售。

到19世纪90年代早期，“标准石油”的生产能力已占全国石油生产的25%。美国第一次兼并浪潮以同行业的横向兼并为主。在企业兼并总量中，有5家以上同类企业兼并约占75%，有10家以上同类企业兼并占26%。从1870年到20世纪初，美国工业生产增长了8倍多，加工工业增长了十几倍，企业之间竞争之风愈刮愈烈。在钢铁业、烟草业、石油冶炼业、制糖业、制鞋业、有色金属业等十多个行业里，兼并运动有效地把原来的过度竞争市场变为一个由少数大企业控制了50%以上产量的市场。兼并所形成的各行业的托拉斯在各自不同的市场上获得了一定的市场控制能力，从而减少了竞争的压力。据美国工业委员会对22起兼并案例调查，兼并完成后，企业所控制的国内市场份额平均达66%以上。至1909年，产值在100万美元以上的美国大企业已增加到3060个，占全国企业总数的1.1%，所占产值为43.8%，拥有全国工人总数的30.5%，100家最大公司的总规模扩大了34倍，控制了全国40%以上的工业资本。

在第一次兼并浪潮中，许多世界著名的大公司相继出现。在1897—1903年的7年间，美国共发生购并案2864起。其中，仅1898年因兼并而消失的企业达1000多家。美国钢铁公司、美国美孚石油公司、美国石膏肥料公司、国际收割机公司、美国烟草公司、美国橡胶公司、美国罐头公司等一大批大公司就是在这个时期产生和发展起来的。这些大公司由于实力雄厚，产品市场覆盖面大，成为实际上的垄断企业。

美国证券市场的形成和发展是第一次兼并浪潮形成的重要原因之一。于1863年成立的纽约股票交易所及其后作为补充的波士顿股票交易所、费城股票交易所和巴尔的摩股票交易所起到便利和规范工业股票上市的作用，而工业股票的上市又为企业兼并大开方便之门。在兼并浪潮高峰的几年中，差不多60%的兼并案是在这些股票交易所进行的。促成这次兼并浪潮的另一个重要原因是投资银行的中介作用。它们在提供兼并所需的巨额资金的同时，积极充当了兼并企业与被兼并企业的中介人。据统计，在第一次兼并浪潮中，美国1/4的兼并活动是由它们完成的。

（2）英国的企业兼并。英国的第一次企业兼并浪潮也发生在19世纪末到20世纪初，兼并多发生在纺织品行业。其中，大英棉织品公司由11家企业兼并而成；1877年，优质棉花纺织机联合体由31家企业兼并而成。1899年其他行业的大规模企业兼并形成了另外一些大的公司，如联合碱制品公司、帝国烟草公司、联合波特兰水泥公司等。在每一个行业中，都有大量独立的企业相互兼并，使行业产出有很大增加。不过英国第一次兼并浪潮产生的效果相当有限，兼并后形成的企业往往比较松散，规模也比美国企业兼并热潮中所形成的公司要小得多。这一时期雇佣工人最多的优质棉花纺织机联合体也只有3万名工人。

在英国最大企业的排名中大都是酿酒和纺织工业企业。一些新兴产业如钢铁、化工和电机行业则相对比较落后。业主制和合伙制是企业组织的重要形式。工业制造部门仍表现出与现代经济发展不相适应的特点。

（3）德国的企业兼并。19世纪中叶以前，德国经济的发展水平远远落后于英、法等先进资本主义国家。经过19世纪后半期的迅速发展，德国工业赶上并超过英国和法国，成为欧洲的头号工业强国。从19世纪70年代以来，伴随着工业的迅速发展，企业兼并和生产集中的过程在德国进行得很快。据统计，到1907年，占企业总数91%的297万个小企业（雇佣5个工人以下），只占有蒸汽机动力和电力总量的7%；而占企业总数0.9%的3万个大企业（雇佣工人50名以上的），却占有3/4以上的蒸汽机动力和电力，其中586个最大企业（雇佣1000个工人以上的）则几乎拥有蒸汽机动力和电力总量的1/3。在生产集中的基础上，垄断组织得以形成和发展。德国卡特尔的数目在1870年为6个，1879年为14个，1890年为210个，1905年为385个，1911年为550—600个。它们分布在采煤、冶金、电气、化学、纺织、皮革、玻璃、砖瓦、陶器、食品等工业部门。进入20世纪，德国的大多数卡特尔渐渐具有了辛迪加的性质。在第一次世界大战前，莱茵—威斯特伐里亚煤业辛迪加集中了该地区煤产量的90%和全国煤产量的一半以上；德国钢业联盟和铁业联盟控制了全国钢铁产量的98%；整个化学工业被美斯特尔工厂和加尔贝工厂集团、安尼林苏打工厂和旧拜尔工厂集团所操纵；电气工业为电气总公司和西门子—加尔斯克—叔克特公司所控制。

工业部门的大规模兼并，引起了银行业的急剧集中。1909 年，以德意志银行为首的柏林 9 大银行及其附属银行，共拥有资本 113 亿马克，即占全国银行总资本的 83%。德国一系列工业垄断组织，就是在柏林各大银行的积极参与和支持下组织起来的。

三　第一次并购浪潮的特点

第一次并购浪潮的主要特点包括：

（1）这次并购浪潮形成之前，一直没有大规模的垄断行为出现。所以，在并购之前，企业的规模小、数量多、资本实力有限；并购时，阻力小，竞争性不强。因此，“小并小”是这一阶段并购活动的主要特点。

（2）以横向并购为主。通过同行业优势企业对劣势企业的并购，组成横向托拉斯，集中同行业的资本，并使企业在市场上获得了一定的市场势力。一方面，生产规模的扩大、新技术的采用，有利于企业达到最佳的生产规模，取得规模经济效益；另一方面，并购产生的垄断组织，降低了市场竞争的程度，垄断者可以凭借其垄断地位获得超额的垄断利润。所以，追求垄断地位和规模经济是本次并购浪潮的主要动因。例如，美国在这 5 年中并购的资本总额达到了 63 亿多美元，100 家最大公司的规模增长了 4 倍，并控制了全国工业资本的 40%。一些工业巨头公司相继涌现，其中美国钢铁公司成为第一家资本超过 10 亿美元的巨型公司。有 72 家公司控制各个行业市场的 40% 以上，其中 42 家控制份额达 70% 以上。德国在这一时期通过大规模并购活动，企业规模大型化发展很快，从 1870 年的 6 个卡特尔组织骤增到 1911 年的约 600 个。

（3）证券业的发展，尤其是工业股票的上市，为并购活动提供了新的场所，这一时期美国 60% 的并购事件是在证券市场进行的。

（4）银行的参与也促进了并购的进行。银行不仅为并购活动提供需要的资金，而且往往也作为并购的中介机构和顾问。

（5）大企业的实力日益强大，推动了生产专业化、系列化和规模生产的发展，完成了企业组织由传统结构向现代结构的转变，促进了企业最终所有权与法人所有权的分离，现代公司进入一个管理阶层委托—代理阶段，职业经营者逐渐占据公司的重要地位。

第二节　第二次并购浪潮(1919—1930)

第二次并购浪潮发生于20世纪20年代（1919—1930），于20年代末达到高峰。这一时期正是第一次世界大战结束后，西方国家战后重建时期，资本市场也逐渐恢复起来，并为战后重建筹集资本，同时也促进了企业并购蓬勃发展。

（1）美国企业的并购。在1919—1930年期间，美国并购企业近12000家，比第一次企业并购浪潮时增加两倍以上。企业并购使一些行业，特别是汽车制造业、石油工业、冶金工业和成品加工业进一步加快了集中的过程。在这一阶段，企业纵向并购大约占全部并购的75%以上。在这次并购浪潮中，企业并购经纪人，特别是投资银行家，再次起到了推波助澜的作用。并购浪潮的范围也由工业领域扩展到公用事业、银行业、采矿业、食品加工业、化学业、制造业等领域，尤以公用事业和银行业最为活跃。本次并购加强了第一次并购所形成的集中度，使行业结构从垄断竞争转向寡头垄断。同时由于并购形式和管理技术的改进，第二次浪潮中并购成功的比率也较第一次并购浪潮时高。

（2）德国企业的并购。德国是第一次世界大战的战败国，由于割地和赔偿，工业生产大幅度下降，垄断寡头乘机抬高物价，压低工人工资，吞并中小企业。在这个基础上，出现了以胡根·斯丁纳康采恩为代表的一批巨型垄断组织。从1924年起，德国经济开始恢复，生产与资本进一步集中，垄断势力又有了新的增长。1922—1930年，德国卡特尔数目从1000个增加到2100个。20年代后期，在一系列工业部门中，德国垄断化的程度均比美国严重。1929年底，德国爆发了历史上最持久的经济危机，几十万个中小企业破产倒闭，甚至一些大康采恩也摇摇欲坠，钢铁托拉斯被迫进行改组，毛织业的杜尔巴赫康采恩宣告破产。在第二次世界大战前夕，为了加强德国垄断资产阶级的地位，希特勒政府实行所谓“股份公司改革法”，使大部分小公司被并购。结果到30年代末，各垄断组织控制了全国资本总额的85%，而为数众多的小企业则沦于破产或被并购的命运。

（3）英国企业的并购。20世纪20年代，英国经济还处于萧条时期，但是这并未妨碍英国企业之间并购活动的开展。由于科技的发展，许多新技术都能很好地应用到实际工业领域中，大规模的生产给企业带来了规模经济效益，并购浪潮也在这个时候席卷了英国本土。例如在化学工业方面，出现了由战前四大垄断组织（布化纳景德公司、不列颠染料公司、诺贝尔公司和联合碱制品公司）联合组成的化学工业康采恩“帝国化学公司”（ICI），该公司基本上控制了英国化学生产的95%、合成氮的全部生产和染料生产的40%。在1929年经济危机后，由于政府的干预和推动，一些长期衰落的夕阳工业部门也开始走上了企业并购和联合的道路。例如，1929年成立的兰开夏棉纺织公司，就是在国家干预和英格兰银行的参与下完成并购的，被兰开夏棉纺织公司并购的棉纺企业多达139家。电机制造业的三大企业：英国电器、通用电器公司和电器行业联合体也是在这个时期通过并购形成的。

二　第二次并购浪潮的背景

第二次企业并购浪潮的发生条件和背景与第一次并购浪潮有很大不同，主要表现在以下几方面：

（1）新兴技术、新兴工业部门与新的生产管理方法对资本集中产生需求。第一次世界大战结束后，政治形势相对稳定，美欧国家经济获得较稳定的发展，对先进、高效率的生产技术有强烈的需求。这一时期产生了许多新工业技术。科技进步导致了一批新兴工业部门的出现，如汽车、化工、电气、化纤等部门。另一方面，“产业合理化”也需要企业配备自动化装置、设备，从事标准化生产。这些都导致了大量的资本需求，从而再次掀起了企业并购高潮。

（2）美欧国家的“重工业化”对资本集中产生需求。第一次企业并购浪潮使欧美国家的轻工业有了较快发展，因此在20世纪20年代前后，欧美国家面临着从以轻工业为主的工业格局向以重工业为主的工业格局转变。

(3) 从第一次并购浪潮中获得了规模经济效益与企业并购的经验，使欧美国家企业家产生了再次掀起并购浪潮的冲动。

(4) 美国国会于1914年通过的《克莱顿法》明确规定，任何导致垄断的并购都是非法的。反垄断法的出台使以规模扩张为主要目的的横向并购受到限制，从而在这次并购浪潮中，产业化的纵向并购成为企业并购的主要形式。

二　第二次并购浪潮的特点

第二次并购浪潮是在第一次并购浪潮的基础上进行的，因而并购企业的规模和实力均比第一次并购浪潮时大。第一次并购浪潮主要是大量中小企业合并成少数大型企业，形成垄断公司。而第二次并购浪潮主要是一些已经形成的垄断公司并购大量企业以达到加强经济实力、扩展势力范围的目的。这次并购浪潮的主要特点是：

(1) 这次并购浪潮的最大特点就是并购方式由第一次并购浪潮的横向并购向纵向并购转变。在20世纪的并购浪潮中，有85%的企业并购属于企业由生产到流通和分销等各个再生产环节的结合，在美国最大的278家公司中，有236家公司都是把原料、生产、运输和销售等生产工序组成统一的整体进行运转。

(2) 第二次企业并购浪潮主要是一些已经形成的垄断公司并购大量企业，以达到加强自身经济实力、扩展势力范围的目的。所以，在这次并购浪潮中，参与并购的企业实力基础都比上一次浪潮时要雄厚得多，其并购规模也比上一次大得多，一家实力雄厚的企业为了增殖资本，有可能需要并购更多的企业，以壮大自己的实力。在第一次并购浪潮的高峰期，平均每年发生的并购数为409起，而在第二次浪潮的高峰期，平均每年并购数比上次多1倍以上，达到846起。

(3) 产业资本与银行资本开始相互并购、渗透，如洛克菲勒公司控制了美国花旗银行，摩根银行则创办了美国钢铁公司。产业资本与银行资本的相互融合，产生了一些所谓的金融资本。由于其金融资本实力相当雄厚，使之更有能力进行并购或控制其他企业。

（4）国家干预下的企业并购有了较大发展。某些国家为了一定的目的，由国家出面并购一些关系国计民生和经济命脉的企业，形成国家垄断资本，提高国家对经济的直接干预和调控能力。

（5）促进了资本集中，强化了竞争。第二次并购浪潮强化了第一次浪潮所形成的资本集中程度，形成了大量寡头垄断，加强了市场上的竞争程度。

第三节　第三次并购浪潮(1953—1970)

第二次并购浪潮结束后，由于世界经济衰退和第二次世界大战的影响，企业并购活动一直处于低谷。直到20世纪50年代，在欧美国家经济复苏时期，企业并购才再次活跃起来。第三次企业并购浪潮在60年代末达到高峰，仅1967—1969年3年时间内，就完成10858起并购，大规模的并购扮演了主要角色。资产在1000万美元以上的大公司被并购，1960年有51家，1965年增为62家，1968年达173家，不到10年就猛增两倍以上。通过这一时期的企业并购，美国出现了一大批混合企业，涉及的产业范围包括工业、钢铁、汽车、化学、石油、电气、航空、商业、金融业等。法国从1900年至1945年，平均每年并购企业仅18家；1950年至1960年期间，共有843起；到了60年代，被并购企业大幅度上升，在1960年至1970年期间，高达1850家。

在这一阶段，欧洲也掀起了企业并购浪潮。在1972年，英国发生的并购达1210起，并购资产额达25.3亿英镑，并且很多并购事件都发生在大企业之间。在这一时期，英国制造业的各个部门受到日益激烈的国际竞争的强烈影响，并购活动日益加剧。1957—1969年，制造业中最大的100家公司中有22家公司被并购。由于受到关贸总协定有关关税削减规定与欧共体成员增加的影响，为了同海外制造商在规模和资源上进行竞争，英国厂商加强了并购活动，以谋求更大的经营规模，从而降低成本，获得更多的市场份额。在这一时期，英国政府起到了不小的作用。如1960年成立了英国飞机公司，1967年通过钢铁公司国有化成立了大英钢铁公司。英国于1966年成立了产业重组公司，以鼓励制造行业规模的合理化，其采用的形式就是并购。1967年商业运输工具制造公司和大英汽车公司合并为大英雷兰德公司，一跃成为英国最大的轿车生产商。同年，通用电器公司和埃依公司合并后，又再次并购了英国电器公司。

日本经济从20世纪60年代起，进入了迅速发展时期，企业的并购高潮也发生在这一阶段。1969年，并购企业数达1163家，同其他国家一样，大型企业的并购在其中起着重要作用。以钢铁工业为例，日本两家最大的钢铁公司八幡公司和富士公司，在1970年进行了并购，组成新日本制铁公司，新公司的钢铁产量占日本钢铁总产量的42.8%，成为世界上钢铁产量最大的公司。在汽车工业方面，日本两家最大的汽车公司——丰田汽车公司和日产汽车公司在20世纪60年代的并购高潮中也分别进行了大规模的并购，企业规模都有了很大程度的扩展，1971年，这两家汽车公司的汽车总产量占全国汽车总产量的62.3%。

一 第三次并购浪潮的背景

第三次企业并购浪潮是在与前两次不同的背景下展开的，主要体现在以下几方面：

（1）新产业的兴起要求拥有巨额资本的强大垄断企业的产生。发轫于20世纪40年代，以原子能、电子计算机和空间技术为标志的第三次科技革命兴起和在生产中的广泛运用，为第二次世界大战后的经济恢复奠定了技术基础，相继出现了一些新兴工业部门，如电子计算机、激光、宇航、核能、合成材料等。这些新产业的兴起，必然要求企业资本集中。

（2）产业结构面临新一轮调整，由“重工业化”向“高度加工化”发展，作为资本集中、资产存量调整重要形式的企业并购再次掀起高潮。通过第二次企业并购浪潮，美欧钢铁、汽车、石油、采掘业、化工、化纤等重工业企业得到了壮大，重工业在国民经济中已占据主导地位，重工业化已逐步完成。新科技革命的兴起促进了产业结构更新，产业结构面临着由“重工业化”向“高度加工化”发展。

（3）完善的公司治理结构形成，为美国企业实现第三次并购浪潮奠定了主体基础。通过第一次与第二次企业并购浪潮形成了许多大型垄断企业，为适应这些企业发展需要，美国企业内部组织结构发生了很大变革，先后出现了“集权职能部制”、“直线职能结构”、“分权事业部制”等企业组织形式。企业组织管理体制的发展，对协调企业组织部门之间的关系，降低企业组织协调成本产生了重要作用。随着企业内部组织变革，现代公司内部治理结构日趋完善，成为美国企业实现第三次并购浪潮的主体基础。

（4）成熟发达的资本市场为第三次企业并购浪潮的实施提供技术支持。进入20世纪60年代，美国的证券交易所、投资银行等都为企业并购提供了各种技术支持。

二　第三次并购浪潮的特点

通过分析第三次并购浪潮，我们不难发现其如下主要特点：

（1）并购以混合并购为主。这种并购的主要目的是谋求生产经营多样化，降低经营风险。在美国，这次企业并购浪潮是朝着混合并购为主的方向发展。1948—1964年，美国发生647起企业并购，其中混合并购406起，占63%。1966—1968年间，混合并购占企业并购的81.6%。通过这一时期的企业并购，美国出现了一大批混合企业。如原本只经营电话业务的美国电报电话公司，在1945年以后并购了270多家公司，成为一家大型的混合公司，经营范围不仅包括电话业务，还包括金融业、保险业、食品业和药品专卖业的业务。

（2）出现了强强联合的趋势。1951—1968年间，美国最大的1000家公司中有将近1/3被并购，其中一半以上是被最大的200家公司所并购；到了1968年，1950年时最大的200家公司中有27家被并购，其中22家是被最大的200家公司并购的。强强联合的并购案例如美孚石油公司以10亿美元买下了麦考尔公司，通用电气公司以21.7亿美元的价格并购了犹塔国际公司等。

（3）银行同业并购增加，使银行资本更加集中。到 1970 年，美国拥有 10 亿美元以上资产的银行已增加到 80 家，其中 7 家资产超过 100 亿美元，使这些银行在国民经济中的地位日益提高。

第四节　第四次并购浪潮(1975—1992)

第四次企业并购浪潮发生在 20 世纪 70 年代中期至 90 年代初期，1985 年为并购的高峰期。这次企业并购浪潮不仅持续时间长，而且规模比前三次都大，方式也更为多样化，并购活动遍及所有西方发达国家。

特别是美国，80 年代后再次掀起并购浪潮。从并购的数量上看，1975 年并购总数为 2297 起，1985 年达到 3000 起。1980—1987 年并购总数突破 2 万起；从交易金额上看，并购规模更达到了空前的程度，1978 年以前，交易额 10 亿美元以上的大型并购十分罕见，但从 1979 年起，此类交易开始增多，1983 年有 6 起，1984 年增至 18 起，1985 年达到 37 起。1975 年全年并购总金额不到 120 亿美元，1984 年却达到了 1220 亿美元。

英国企业并购活动和美国一样，无论并购规模和速度，都是战前无法比拟的。80 年代以来，在欧洲共同体内部，各成员国出于为欧洲统一市场作积极准备而刮起了企业并购和联合之风，英国处于主体地位，并购数目及金额都列首位。1988 年，在欧洲共同体内发生的 26 起并购中，23 起发生在英国，且规模都很大。1989 年英国航空公司的收购活动涉及收购金额达数亿美元。

西欧其他国家企业并购情况与英国大致相同，不过出现了许多私人企业并购国有企业的现象。联邦德国 1984 年把巴费公司的政府股份从 43.75%减少至 30%，而大众汽车公司、汉莎航空公司、德国工业装备公司、联合工业企业股份公司等均被私人企业并购。意大利私营企业以控股方式取得中南银行 24% 的股份。这些私人企业并购国有企业的现象，成为西欧并购史上的一大特色。

一　第四次并购浪潮的背景

第四次企业并购浪潮产生的背景如下：

（1）美国经济高涨、经济政策宽松、竞争激烈，导致企业产生并购的欲望。1972 年发生了石油危机，美国经济发展陷入低潮。1975 年后，美国经济开始恢复，进入一个相对扩张时期。进入 80 年代以后，里根政府时期实行了一系列解除管制的政策。如 1980 年的《放松对存款机构管理和货币管理法》和 1982 年的《加恩·圣杰曼法》提倡平等竞争和银行与证券业务交叉经营，这为金融创新提供了政策支持。里根政府还放松对电视、广播业的管理，施行温和的反托拉斯政策和实行支付利息从纳税所得中扣除、递延亏损等税制改革。

（2）部分混合经营企业无法有效控制复杂的企业结构，需要对企业内部结构进行调整。在第三次企业并购浪潮中，许多公司通过混合并购的形式，利用多样化经营方式获得了超额利润，同时在多样化经营中，公司内部的业务、经营结构也发生了变化。但是，由于企业的管理方式没有相应的改革，管理跟不上企业经营结构的要求，部分混合经营企业无法有效地控制复杂的企业结构。在取得短期超额利润的时期过去以后，“大公司病”开始显露，经营者内部控制问题十分突出，多元经营的大企业的惯性和惰性日益严重，透明度日益降低，企业内部结构亟须重组。

（3）20 世纪 80 年代，世界也进入了产业结构调整时期。由于科学技术快速更新，新工艺、新产品不断涌现，新兴产业部门出现，引起企业的产业调整。

（4）社会分工越来越细化，各产业部门的联系日益密切，产业间的交叉成为产业发展的趋势。

二　第四次并购浪潮的特点

第四次企业并购浪潮的主要特点包括：

（1）企业并购范围广泛、形式多样，同时杠杆收购盛行。“以债权换权益”的并购方式取代了“以股票换股票”的正常并购方式，杠杆收购非常盛行，并购范围也异常广泛。从食品到烟草生产、连锁超级市场、汽车、化学、医药、石油钢铁、太空航空、资讯通信等各种产业均进行了程度不同的并购活动，并购对象不仅有国内上市公司，还有海外企业。在并购形式上，横向、纵向和混合三种形式互补。这调整了资产存量，优化了资源配置，大大促进了生产力的发展。

（2）出现了“小鱼吃大鱼”式的并购。在这次企业并购浪潮中，除继续有大企业并购大企业的现象外，还出现了大量的小企业并购大企业的现象。

（3）投资银行在企业并购中发挥了越来越重要的作用。它们一方面提供并购所需要的资金，另一方面又充当并购促办人的角色。整个并购活动中，大约有 1/4 的并购是由银行促办完成的。

第五节　第五次并购浪潮(1994 年至今)

第五次企业并购浪潮始于 1994 年，一直延续至今，这是西方并购史上并购企业数量最多、单件并购交易额最大、影响最广泛的一次并购浪潮。第五次并购浪潮的发生、发展与整个 90 年代美国经济周期是很合拍的。1992 年，美国经济开始逐渐恢复，之后连续走强，这一点也可以从美国道·琼斯指数和纳斯达克综合指数重要点位的变化得到印证。在此期间，美国企业并购活动也亦步亦趋，从 1994 年开始升温，1999 年达到顶峰。之后，受 2000 年下半年美国经济增长放缓的影响，并购活动也开始走下坡路，尤其是“9·11”事件之后，下滑态势已无可挽回。与前几次并购浪潮相比，此次并购浪潮的规模是最大的。仅 1998 年、1999 年、2000 年三年累计并购次数达 2.9 万次，支付金额累计达 3.9 万亿美元。1996 年 10 亿美元以上的并购案有 94 起。另据互联网报道，1997 年 10 亿美元以上的并购发生了 156 起。此次并购，2/3 以上分布在五个产业：金融服务业、医疗保健业、电信业、大众传播业和国防工业。同时还涉及汽车业、商业零售业等各行各业。

同样，在其他国家，并购事件也极为盛行，特别是国与国之间的企业并购。仅1996年发生的全球跨国并购数就达5540件，交易额达2700亿美元，占该年度全球全部并购数和交易额的24.37%和23.68%。跨国并购在汽车行业中显得尤为突出：1998年，德国戴姆勒—奔驰公司与美国第三大汽车制造商——克莱斯勒公司宣布两公司合并组成戴姆勒—克莱斯勒公司；1999年，法国雷诺汽车公司与日本日产汽车公司签署协议，雷诺汽车公司向日产汽车公司投资54亿美元，从而成为日产汽车公司最大的股东。在韩国和东南亚的其他国家，也掀起了一股并购企业的风潮；美国的可口可乐公司用4亿多美元买下了韩国一个财团的饮料公司；美国美林集团花费3亿美元购买了已倒闭的日本山一证券公司的30家分公司；马来西亚Bumiputra银行与马来西亚商业银行的合并，使新成立的银行成为马来西亚第二大金融集团。到1998年3月为止，外商在东南亚国家和韩国所发生并购事件总成交额已达520亿美元。

一　第五次并购浪潮的背景

新一轮并购浪潮的兴起具有鲜明的时代特色和深刻的国际经济背景，表现出与前四次明显不同的特点，对世界经济已经产生并将继续产生深远的影响。

这一轮并购浪潮的产生背景十分复杂，但概括起来不外乎以下几个方面：

（1）经济全球化进一步加剧了全球经济的竞争。20世纪90年代以来，世界经济不断走向融合，经济全球化成为世界经济发展的重大特征和趋势。经济全球化使全球经济的竞争更加激烈，具体表现在三个方面：第一，经济全球化使全球竞争的规模急剧扩大。随着世界贸易组织的成立，全球贸易自由化的趋势明显增强，世界贸易的规模迅速扩大，各国纷纷加快和扩大了市场开放，这导致竞争更为激烈，并在许多领域中引发更多的贸易矛盾和摩擦，使得全球竞争在从多边体系、区域集团到双边关系和跨国企业等各个层面上全面展开。第二，经济全球化使全球竞争的领域不断拓展。经济全球化浪潮波及越来越多的部门和企业，从传统产业到新兴部门，各国间竞争越来越激烈。发达国家从农产品到高技术产品展开全面较量，不少发展中国家的劳动密集型产品竞争也日趋激烈。特别是当今各国在服务市场上的竞争，正在从一些传统的服务部门开始向许多新兴服务行业不断延伸，从商业、贸易、旅游、运输、工程承包和劳务输出到信息、金融、保险、法律、咨询、经纪、通信和各种专业服务，都成为许多国家特别是发达国家致力于扩大出口、扩大市场份额的行业目标。由新技术革命带动的电信业和信息业的发展，使更多行业具有越来越大的可贸易性，这导致国际竞争领域的进一步延伸。第三，经济全球化使全球竞争的水平不断提高。当今科技竞争日益成为全球化竞争的重点和前沿阵地。发达国家竞争重点日益从传统产业转向科技领域，从生物工程、海洋工程到新能源开发和空间技术的发展，在许多高科技领域展开新一轮的角逐；许多发展中国家也纷纷投入较大的力量发展本国科技和参与这场竞争。

（2）科技进步，特别是信息网络技术的飞速发展为并购提供了有力的支持。20 世纪的最后 10 年里，全球化进程大大加快，其中一个重要原因就是技术的发展，尤其是信息网络技术的飞速发展。信息技术的进步从根本上改变了流通格局，再加上运输技术的进步，使得实物流通速度大大加快，不仅使商品贸易加快，同时使企业跨国组织生产成为可能。综观前四次企业并购浪潮，科学技术进步在促进并购浪潮形成中起着重要作用，而在这次并购浪潮中，科技的快速发展作用更为重要。光纤等新技术的产生，出现了远程通信新形式，使通信成本大大降低，拥有这类新技术的公司就成为备受瞩目的目标公司。计算机技术和网络技术的发展，不仅带动了与此相关的新兴产业，而且也为传统产业的技术进步、营销策略甚至企业组织结构带来了革命性变化。由于网络业的存在，许多企业的产品可以通过国际互联网实行即时销售。由于网络技术的支持，金融业对银行、证券、保险机构实行综合监管成为可能，也促进了金融的全球化。伴随着经济全球化、金融自由化、高新技术社会化趋势，美国首先掀起了世纪之交的第五次以跨国公司为主体的全球化企业并购浪潮。

（3）并购是技术扩散速度加快、扩散规模不断扩大的需要。进入“新经济”时代，技术进步速度越来越快，促使技术本身逐渐从经济过程中分离出来，表现为独立的商品形态，并进一步促进了技术的流动。30

年来，世界技术的转移周期曲线显示，第一产业的硬技术转移周期从平均10年降低为4年；第二产业的硬技术转移周期已从平均5年降低为2年；第三产业的硬技术和软技术的转移周期已从平均2年降低为半年；而信息软件更从过去的平均1年降低为2个月。技术领先是企业参与市场竞争的重要筹码，为此，大型跨国公司的研究与开发经费一直维持在较高的水平。在技术周期不断缩短的时代，要想维系如此高的研发投入只有两个途径：一是加快技术转化为商品的过程；二是扩大技术的应用范围，将新产品中的技术成本通过扩大生产规模摊薄，这是大型企业集团由技术联盟走向并购之路的主要动力之一。

（4）金融创新工程为大规模企业并购提供了便利的操作渠道。进入90年代以来，全球范围内经济金融化特征日趋明显，经济与金融相互渗透、融合，成为密不可分的整体。社会上的经济关系越来越表现为债权债务关系、股利关系、风险与保险关系等金融关系。90年代发达国家金融相关系数（金融资产总量/国民生产总值）最高曾达到3.26—3.62之间，发展中国家一度也在0.3—1.5之间。少数发展中国家，如韩国曾高达4.36，中国最高曾达到2.34。金融资源具有无国界高速流动和瞬间跨国转移的特征，在信息、网络技术的支持下，国际资本流动规模不断扩大。即使受到金融危机的干扰，这种趋势也没有逆转。近几年，全球证券市场的年交易量一直保持在7万亿—8万亿美元之间，国际信贷余额为3.8万亿—4万亿美元，年保险费收入为2.5万亿—3万亿美元，国际游资为7.2万亿—7.5万亿美元，全球日外汇交易量为1.5万亿—2万亿美元。与贸易相关的国际间资本流动同贸易外国际资本流动之比降至1∶45（50年代中期，这一比例为9∶1，前后相差400余倍），即资本在国际间流动只有2%多一点是同真实的生产与交易活动相联系的；从结构上看，直接金融的发展速度大大高于间接金融，所占比例日益增大，并有迅速赶上或超过间接金融所占比例的趋势。正是有了这种便利的流通渠道，国际直接投资的规模才得以大幅度提高。

（5）各国政府放松了对企业并购的管制。在第一次并购浪潮初期，企业的并购活动几乎不受任何政府政策和法律的约束，各公司几乎可以毫无顾忌地进行联合，以便限制产品供给，提高产品价格。同行业的众多小企业的合并形成了对市场的垄断，这一时期托拉斯的发展严重削弱了市场公平竞争。这种状况导致了美国第一部反垄断法的诞生，即1890年的《谢尔曼法》，1914年修订为《克莱顿法》，以后又经过多次修改和不断完善。日本1947年在美国占领军当局指导下制定了《禁止垄断法》，以后不断修订、完善。英、法、德等市场经济国家都相继制定了反垄断法，欧共体也于1990年通过了企业并购法则。各国反垄断竞争法律的制定和执行，对防止过度垄断，保护公平和自由竞争起到了积极作用，尤其对外商并购行为的管制为保护本国民族工业和新兴工业的发展起到了促进作用。但随着全球经济一体化的发展，工业发达国家已经开始把争夺全球市场作为其重要经济发展战略目标，面对来自他国的竞争，各国都加紧扶持垄断企业，对企业并购行为放宽了限制，尤其是对参与国际市场竞争的企业并购还从政策上加以支持。如1970年英、法、德、西班牙四国政府用各自的国有航空制造企业进行跨国联合，共同组成空中客车，并给予数百亿美元的政府补贴。波音并购麦道，如按传统反垄断条款，是不可能被批准的，但最后不仅获准，政府还在政策和业务上给予扶持。法国尤尼诺·萨希洛公司如果不是得到政府保护与扶持，可能早已被外国企业合并，但后来却在美、意、德等国进行了一系列收购活动。1996年，美国电信法生效，放宽了对电信业的法律管制，打破了长途电话与区域电话市场范围的界限。美国国会通过修改有关法律，放松了反托拉斯法管制，取消了银行业不许跨州经营的法令等，使电信业、银行业领域的并购更加活跃。日本修改商法，简化企业并购手续，促进了企业并购活动。欧盟作出了从1998年1月1日全面开放电信市场的决定。各国政府还纷纷为企业并购提供担保或发放贷款，鼓励和支持证券公司、投资银行等中介机构参与企业并购，为其提供金融支持与服务，这些都为企业并购活动大开绿灯，更有力地加速了企业并购的步伐。

二　第五次并购浪潮的特点

此轮并购浪潮的兴起具有鲜明的时代特色，表现出与前四次明显不同的特点，主要包括：

（1）企业并购的动机发生了巨大变化。在80年代，欧美企业进行并购的主要动机是通过并购获取短期利润。但在90年代的并购过程中，欧美企业并购的主要动机已经变为追求竞争上的长期战略优势，并有计划地调整资源配置，注重主体核心业务，将精力集中于发展自身的强项业务，加强业务专业化，为实施长远发展战略做准备，而不仅仅是出于短期的获利动机。正是由于90年代并购活动的主要动机是公司长远的发展战略，因此，并购企业付给目标企业的价格一般也比较高。

（2）企业并购规模越来越大。在1980年以前的世界企业并购史上，超过10亿美元的并购案件非常罕见。在80年代的并购浪潮中虽然出现了一些10亿美元以上的并购案，但极少有突破百亿美元的。进入90年代以后，大型上市公司成为并购案的主角，并购金额动辄在百亿美元、数百亿美元甚至千亿美元以上。如果按《世界投资报告》将金额在10亿美元以上的并购交易列为大型并购活动，那么，1995年大型并购有35项，平均规模为17亿美元；1997年为58项，平均规模为28亿美元；1998年增加到89项，平均规模为45.3亿美元。1998年底，美国埃克森石油公司以810亿美元并购美孚公司时，许多人认为是天文数字，但1999年的几起巨额并购案则不免使这一交易相形见绌。例如，沃达丰空中通讯以1480亿美元收购德国的曼内斯曼公司，美国的世界微波通讯公司以1270亿美元并购斯普林特公司等。2000年一季度全美公司并购案2270宗，涉及资产金额高达5370亿美元，平均每件并购案涉及的资金是1995年的4倍。而从企业并购总规模来看更是惊人，发生在20世纪80年代末的第四次浪潮当时以4490亿美元创下历史最高纪录。而90年代以后，并购规模越来越大，1993—1999年全球并购总额分别达到4550亿、5619亿、9502亿、11081亿、16175亿、24901亿、34000亿美元，6年期间并购规模增加了近6.5倍。另据美国汤姆森金融证券公司统计，2000年全球并购金额进一步上升到3.48万亿美元，高于1999年的3.31万亿美元，再创历史新高。其中仅美国企业并购交易总额就达1.84万亿美元，比1999年的1.56万亿美元增长近18%，也创历史新高。

（3）企业并购以横向并购为主。纵观前四次并购浪潮，在并购类型上先后经历了横向并购为主、纵向并购为主、混合并购为主以及并购类型多样化的发展历程，这是由企业并购的目的以及当时所处的经济环境特点所决定的。90年代以来的新一轮并购浪潮再一次出现了以横向并购为主的特点，这种潮流与国际经济形势的变化以及企业经营战略的变化密切相关。企业经营的焦点已由过去注重大而全转向注重主体核心业务，企业变多元化经营为一体化经营，将精力集中于发展自身的强项业务，通过集中联合搞自己最擅长的业务来谋求长期利润和长远发展。各产业并购以扩大企业规模，降低经营成本为基本目标，如果说美国企业界19世纪末第一次并购浪潮中的横向并购促成了国内垄断的形成，那么，90年代的第五次并购浪潮中的企业横向并购则成为企业争夺国际市场和世界垄断地位的主要手段。

（4）强强联合占据主导地位，并购注重优势互补。在90年代以来的并购浪潮中，“大鱼吃大鱼”方式逐渐取代了传统的“大鱼吃小鱼”方式，强强联合占据主导地位，企业并购对象多为在本行业中具有相当竞争实力、经营状况良好的企业。大公司为追求长期的战略优势，纷纷与以往的竞争对手握手言和，以求在激烈的全球竞争中抢占优势地位，获得“双赢”。例如，德国的奔驰公司和美国克莱斯勒公司的合并，二者各具优势，各自拥有自己的世界级品牌，分别在欧洲和美国市场上占有较大份额，但一直受到来自同行业其他企业的强有力竞争，难有较快发展。二者合并后，可以联合起来形成合力，开发新产品，在欧洲和美洲扩大销售，从而大大增强了市场份额。又如，1998年旅行者集团与花旗集团并购案以726亿美元创下了银行业并购价值的最高纪录，等等。这种强强企业间的并购，可以做到优势互补，使技术、资金、信息和市场共享，从而实现资源的合理配置，避免过度竞争，维护相对垄断地位，以求更大的发展。强强联合型并购的一个显著特点是合作型并购多，恶意并购少。近年来，大多数重要并购协议都是在当事双方经过谨慎选择、长时间接触、耐心协商和洽谈之后达成的，很少出现80年代的恶意并购现象。

（5）并购方式以合作型换股或发行新股方式为主。由于企业并购的规模越来越大，金额越来越高，传统的支付方式所占用的巨额资金使企业越来越感到难以承受。因此，在80年代“杠杆收购”的并购方式非常盛行。并购企业通过发行风险大、资信度低、利率高的垃圾债券来大量举债，买进那些股票市场价值远远低于其实际价值的企业，经过整顿后高价出卖，从中牟取暴利。随着国际金融环境日趋宽松，特别是金融服务贸易自由化的发展，换股方式开始盛行。在这种交易方式中，并购方增发新股换取被并购企业的旧股，利用合理避税和增加股票的预期效应，使交易成本大为降低。1990年跨国并购还主要以现金支付为主，现金交易在全球跨国并购总数中占90%，占总金额的3/4。到1998年，美国对外并购虽然仅有1/5采取换股方式，但金额却占2/3以上。2000年一季度，美国企业并购交易金额中以股票结算的部分占76%，而以现金结算的部分只占24%。

(6) 跨国并购比重日益提高。跨国并购作为重要的国际直接投资方式之一，与其他资本输出相比具有不可比拟的优势，如可以迅速便捷地进入东道国市场等。经合组织发表的报告显示，10年来跨境并购活动增加了5倍。1999年全球跨境并购活动激增50%，其中3/4的跨境交易在西欧进行。经合组织的29个成员国共耗资7670亿美元收购其他国家的公司，比1998年的5150亿美元增长了50%。至于交易的规模，平均每宗涉资1.57亿美元，比1998年也增加50%。1998年以前的全球并购浪潮，严格来讲只能说是美国的并购浪潮，因为美国以外的欧洲和亚洲地区并没有过多地卷入，但从1998年开始，并购浪潮席卷了全球，特别是美国与英、德、法之间，可以说是一次大西洋两岸的垄断联合。1999年，全球10宗最大并购案中，如英国石油公司以276亿美元收购美国大西洋富田；英国沃达丰集团以560亿美元收购美国空中通讯；德国曼内斯曼以350亿美元收购英国Orange电讯以及德国Hoechst药厂收购法国Rhone-Pou-lene药厂等，都是当年的超级跨国并购。

(7) 并购主要集中在第三产业。据《世界投资报告》的统计资料计算，在1997年全球并购交易总额中，第一产业（初级产业）仅占5.8%，其中95%是石油天然气公司的并购；第二产业（制造业）占37.1%；第三产业（服务业）却占57%，其中1/3以上是银行、保险和其他金融服务。1998 年以来，全球并购也大多发生在金融、通信、零售、医疗保健等领域，这些行业的企业并购占并购总额的 60% 左右。1999 年，交易额最高的是电信行业，达 5700 亿美元，居第二位的是银行业，交易额为 3000 亿美元。近年来，资本市场、货币市场、信托市场、保险市场大大冲击着银行信贷市场。银行业不仅面临激烈的同业竞争，也面临着非银行金融机构（如财务公司）的竞争，从而导致业务量萎缩，利润率降低，不得不选择合并的道路；金融衍生工具的出现使得金融业务风险加大，银行之间的联合可以增强抗风险能力。电子技术的发展也使金融业的规模化经营既有必要，也具有了可能性。从业务类型来看，金融业并购主要有两类：一是在商业银行之间展开的同业并购，如日本三菱银行与东京银行，美国化学银行与大通曼哈顿银行的合并；二是在银行业、证券业和保险业之间进行的合业经营，如美国花旗银行的母公司花旗银行与旅行者公司的合并，合并后的集团新业务范围包括商业银行、投资银行和保险业，成为全球第一家业务范围涵盖最广的国际金融集团。在信息产业界，尽管受到美国司法部反垄断调查的干扰，微软公司仍是全球最活跃的企业收购者，1999 年，至少进行了 45 项并购交易，总额超过 130 亿美元；英特尔公司位居第二，进行了 35 项并购交易，总额达 50 多亿美元。

（8）传统产业的国际生产格局也在进行重大调整。在信息产业和金融服务业并购浪潮的推动下，传统产业的生产格局也进行了重大调整。除石油、汽车行业的世界级大宗并购案件外，近年来，一直被称作“夕阳产业”的钢铁行业也发生了一系列强强联合事件。如 1997 年 4 月德国克虏伯钢铁公司并购比自己更强的德国蒂森钢铁公司，从而成为世界上最大的钢铁公司之一；1999 年英国钢铁公司和荷兰霍高文（Hoogovens）钢铁公司正式合并，组成世界排名第三、欧洲排名第一的新的钢铁公司；2000 年 8 月 2 日世界第一大钢铁公司韩国浦项与第二大钢铁公司日本新日铁正式签署协议，建立“战略性同盟”关系，通过产权纽带，两家公司将进一步扩大合作范围。

本 章 小 结

通过对全球五次并购浪潮的回顾，我们可以看出，各国的并购活动呈浪潮式发展几乎已经成为一种典型化事实，并购活动存在一定的周期性变化，而且这种周期性变化常常与企业外部环境的某些剧烈变化密切相关，例如一些重大的生产技术变革、需求量和需求结构的剧烈变动、市场竞争的加剧、政府政策的重大调整等。对并购周期性变化影响最大的是经济周期波动，各国实践表明并购周期与经济周期具有很强的关联性。同时，全球五次并购浪潮表明，并购活动与股票价格、债券收益、利率、投资变化额等宏观经济变量之间有着密切的联系，股票价格和债券收益等能够引起并购活动。然而由于并购的影响因素多且复杂，在不同时期起主要作用的因素可能不同，从而以上关系的表现形式可能会出现差异。

我国总体并购活动是否以浪潮式发展，并购周期与经济周期的关系，总体并购活动的周期特征，并购活动与股票价格、利率等宏观经济变量的关系，以及影响并购活动的因素等是我们所关心的问题，也是本书研究的重点内容，我们将用大量的篇幅对以上问题进行研究和阐述。

第三章

我国并购浪潮假说的实证检验

作为一种可以与贸易、金融和投资相提并论的重要经济活动，企业并购自然成为国内外学者关注的一个热点，相关文献大量涌现。总的来看，西方学者对企业并购活动的分析主要是从微观和宏观两个角度展开的。从微观的角度看，研究的重点主要集中在三个方面：一是企业并购的动机；二是收购企业和被收购企业的特点；三是决定企业并购的主要影响因素（威斯通等，1998）。从宏观的角度看，研究重点主要集中在总体并购活动的时间性问题研究方面，主要包括并购浪潮假说的检验及总体并购活动的时间特征等方面，特别是全球五次并购浪潮发生以后，相关研究更是层出不穷。如 Nelson（1959、1966）、Shleifer 和 Vishny（2001）等将美国的并购活动与股票价格、产业活动和利率等联系起来进行分析，认为宏观经济现象的周期性特征决定了并购活动的周期性特征。Town（1992）、Golbe 和 White（1993）等利用历年总体并购活动的数据，通过时间序列分析的方法对上述的波浪性等假说进行了检验。Sian Owen（2004）利用三状态马尔科夫区制转移模型研究了英国 1969—2003 年间总体并购活动的时间序列特征，等等。本部分将首先对我国并购浪潮假说是否成立进行检验，为下文的总体并购活动的周期特征的研究奠定基础。

长期以来，人们广泛认为，并购活动的发生具有波浪的特性，即并购活动在一定时期上升，然后再下降。如果并购活动确实是波浪式发生的，那么，这是一个可以利用的很好系统特性，例如可以由此建立并购活动的预测模型等。从而，并购活动的波浪假说得到了很大的重视，国外的学者纷纷对其进行实证检验。在这些研究中，大部分学者提供了证明并购浪潮假说的证据，如 Nelson（1959、1966），Scherer 和 Ross（1990），Blair、Lane 和 Schary（1991），Golbe 和 White（1993），Scott C. Linn（1997）等；然而，在此期间也出现了许多相反的证据，其中最为典型的是 Shughart 和 Tollison（1984）的研究，他们认为，并购数量遵循随机游走或一阶自回归过程，且一阶自回归系数接近 1，但不等于 1，从而并购浪潮并不存在。另外，还有一些学者，如 Brealey 和 Myers（1991），Weston、Chung 和 Hoag（1990）认为，并购浪潮是一个重要问题，至今仍未定论。因此，将并购活动作为一种经济现象，研究其时间序列特征，可以从大的方面把握并购活动的发展方向，对并购活动进行大致的预测。但与其他宏观经济现象不同，具体的并购行为是一个实证问题，应结合不同主体的具体情况进行分析。关于并购浪潮假说及其检验方面的研究在国内很少见到，本部分旨在利用正式的计量经济方法来检验并购浪潮假说在我国是否成立。

第一节　我国总体并购活动发展状况的简单回顾

如今在发达国家，并购已成为最频繁发生的商业行为。“强强联手”、“大鱼吃小鱼”的故事似乎每天都在上演，成了多变的商业社会里不变的游戏规则。

我国在历史上一直是一个商品经济欠发达的国家，在 1949 年前，基本上未出现过大的并购活动。新中国成立以后至 20 世纪 50 年代末，实行了特殊形式的产权重组，即通过对私有工商业的利用、限制和改造，实现公有经济的“兼并收购”活动。在 20 世纪 50 年代末至 80 年代末之前，根本不具有企业并购的前提条件。直到 20 世纪 80 年代初，即 1984 年河北保定纺织机械厂和保定市锅炉厂以承担全部债权债务的形式分别兼并了保定市针织器材厂和保定市鼓风机厂以后，并购重组才日渐在企业资本扩张的过程中扮演着越来越重要的角色。可以说，至今兼并重组在我国商业实践中也已有20多年的历史了。总结我国并购20年的历史发展，我们认为可分为如下几个阶段。

一　第一阶段（1984—1992）

我国企业间真正以现代企业为主要组织形式的并购开始于1984年，由此开启了我国企业的第一次并购浪潮。1984年，在全国企业根据“两权分离”的原则，广泛推行承包、租赁经营方式的同时，首先在保定和武汉出现了企业并购，将效益差、经营不善的企业产权有偿转让给有经营优势的企业，取得了较好的经济效果。1986年底，企业并购开始在其他城市，如北京、南京、沈阳、无锡、成都、深圳等地陆续出现。在整个20世纪80年代，全国有6966家企业被并购，转移资产82.25亿元，减少亏损企业4095家。

经过分析，我们发现第一次并购浪潮特点包括：

（1）并购活动都是在国有企业和集体企业之间进行的。

（2）各地政府都直接参与和干预了企业并购活动，并购主要集中于本地区之间。

（3）企业并购具有横向性质，即并购双方产品相似、工艺相似、生产厂地基本相邻。

（4）并购活动是在产权未明晰的情况下发生的，存在很多不规范之处，企业自发和政府干预现象并存。

二　第二阶段（1992—1997）

我国企业的第二次并购浪潮是在1992年邓小平南巡讲话后，在中央确定了市场经济体制改革目标的情况下，在激励和约束机制的双重压力下活跃起来的。1992年，仅北京就有66家企业被并购。1993年11月，中共中央十四届三中全会通过了《中共中央关于建立社会主义市场经济体制若干问题的决定》，决定明确指出，要明晰产权关系，让产权流动和重组。1993年9—10月间，延中实业本是“三无概念股”的领头羊，股份极为分散，深宝安联合两家关联公司通过二级市场大量收购持有延中实业

19.74%的股权，从而成为了延中实业的第一大股东。此次并购开创了中国证券市场二级市场并购的先河，拉开了中国上市公司间并购的序幕，深宝安和延中实业也因此扬名于整个中国证券市场。随即又发生了万科申华事件，中远收购众城、恒通收购棱光、大港收购爱使、光大收购玉柴等轰动全国的并购事件。在这一阶段，真正以市场化为标志的中国企业并购是随着市场经济体制的确立、证券市场的建立、市场法制环境的逐步完善而渐渐开展起来的，但这一阶段整个证券市场的企业并购实例是很少的，4年总共只发生了14起上市公司并购重组。

与第一次并购浪潮相比，这次发生在证券市场初具规模之时的并购活动，有以下特点：

(1) 企业并购的范围、规模进一步扩大，大型合并和收购增加，强强合作增多。

(2) 产权转让出现多样化，上市公司股权收购逐步占据主要地位，境外企业参与国内企业并购开始初见端倪，但承担目标企业债务式的并购仍占到60%左右。

(3) 并购范围突破了所有制和地区限制，开始向多种所有制、跨地区方向挺进。

(4) 企业并购开始由以往的"政治任务"逐步转为以企业为主体，向规范化方向发展。

到此为止，我们发现第一、二次并购浪潮的动机主要在于：

(1) 救济型并购——消除亏损的动机。自20世纪80年代以来，我国企业的并购浪潮明显存在政府撮合、干预的特点。企业并购主要是为了解决亏损问题。这种不考虑企业具体情况"杀富济贫"的做法，在相当长一段时期内成了我国企业并购活动的主要动机。这种并购动机的背后是一种对企业破产的替代机制。其带来的最终结果是劣势企业没救活，优势企业也垮掉了。

(2) 存量调整式并购——优化资源配置的动机。我国国有企业存在着相当严重的重复建设、资源浪费的问题。通过并购活动，可对国有企业的资源进行优化配置，提高存量资产的运行效率，从而优化整个社会的经济结构。这是政府推动企业并购的另一个重要动机。

（3）投机型并购——获取低价资产的动机。获取低价资产，是我国社会转型期企业并购的另一个重要动机。据统计，1987—1989 年，我国大约 80% 的企业并购动机是为获取被并购企业的廉价土地；如果是跨行业的并购活动则 100% 是为了获取廉价土地。另外，20 世纪 80 年代政府急于消灭亏损企业，在并购中采取“资产上算粗账，效益上算大账”，造成被并购企业估价普遍低于实际价值，甚至许多被并购企业的资产未被计价，这种因素曾导致投机型并购盛行一时。

（4）资源型并购——享受优惠政策的动机。通过并购可获得银行的优惠贷款，政府的减税、免税以及财政补贴等。这是我国企业并购的又一个重要动机。这种并购往往发生在民营企业对亏损国有企业的并购上。由于政府在政策上对两类企业区别对待，许多民营企业希望通过这种并购，获得原本只有国有企业才能享有的特殊资源。这也是在我国特殊的经济体制环境下所特有的一种并购现象。

（5）管理型并购——降低代理成本的动机。在我国企业规模与行政级别相联系的制度下，通过并购活动，扩大公司规模，相应也能提升企业管理者的行政级别。这是一些国有企业并购的另一个重要动机。并购之后，公司高层管理者的收入变化不大，但是行政级别的提升对其自身的利益也有相当大的影响，这是管理型并购在我国的特殊表现形式。

三　第三阶段（1997—2002）

20 世纪末至 21 世纪初，全球性的企业并购此起彼伏，伴随着我国企业的不断成熟及国外企业竞争的巨大压力，第三次国内企业的并购浪潮也悄然兴起。上市公司间的并购业务活跃始于 1997 年，是中国社会经济体制转变、市场经济体制确立、资本市场快速发展的阶段，新的并购手段也不断涌现。出现了易趣与雅宝联姻，联想与赢时通结合，搜狐收购 chinaren、华润控股万科，小天鹅与科龙结成战略联盟，海信集团与浪潮电子信息产业合并，青岛海尔斥巨资收购海尔空调有限公司的大部分股份等事件。

至2002年，中国市场发生的上市公司并购数达到了577起。在这些并购中，发生并购的动机主要分为四个方面：其一，争夺上市资源、企业买壳上市；其二，实现“保壳”和“保配”的目的；其三，配合政府的国企改革任务和国企扭亏的要求；其四，二级市场炒作与非良性的盈利。此外，这一阶段还出现了以战略性的重组、地方经济结构调整等为目的的并购活动。在实践中，企业间并购的方式、支付的方式、并购的目的等都有了全面的发展和变化。从并购方式与支付方式看，有了无偿划拨、资产置换、协议转让、吸收合并、收购母公司、司法拍卖、MBO等；从并购的目的看，除了以上提及的保壳、保配等原因外，还有外资并购、敌意收购、竞争收购等新情况的出现。

华润啤酒（中国）有限公司的发展历程可以被看作是第三次并购浪潮中的一个典型代表。自1994年华润集团以一个“外行”的身份进入中国啤酒行业，并从1996年开始大规模地并购同行企业以来，中国啤酒市场竞争的格局与方式发生了根本性的变化。通过并购，从无到有，华润啤酒一跃成为国内啤酒行业龙头企业。

透过“华润啤酒”的成功案例，我们可以看到：当一个行业步入整合的阶段时，有所作为的企业需要大量资本，资本密集型的企业只有依赖规模经济才可能存活下来。在竞争激烈的市场中，没有达到规模经济或只通过内部优化运作的公司将无法生存。这已经是许多啤酒公司的命运：由于低效率的生产、经营不善或者两者兼而有之，它们已从这个行业中退出。不过，众多股市“庄家”打着并购的旗号暗中操控上市公司二级市场股票却也成为这一阶段中国企业并购的“暗流涌动”的风景。在法制法规不建全、市场经济体制软性约束无效、监管不力、部分专业从业人士素质不高、企业急欲摆脱困境等现实情况下，并购市场中不规范的行为难以避免。

同前两次相比，这次并购有了明显的变化：不再是过去那种强吞弱、大吃小，而大部分是强强联手。并购的目的不带有“扶贫”色彩，而是企业的一项长期发展战略。并购的重点多是高技术的交流与合作，力图形成优势互补。在并购中政府不再担当“红娘”，而基本实现企业间的“自由恋爱”。

同时，我们发现在这一阶段，我国企业并购的动机也发生了很大变化。随着我国企业的不断成熟，以及我国加入 WTO 后，行政性干预在并购活动中的作用逐渐淡出，依据企业自身的愿望和市场的条件来实施的并购将成为主流，这样在第三次并购浪潮中，我国企业并购的动机主要表现为：

（1）强强联合，优势互补。通过强强联合，尤其是在高技术的交流与合作上，形成优势互补，达到改善长远的经营环境和经营条件，扩大生产规模，提高市场占有率，长期占领、开拓某个市场，获得资金和市场优势。

（2）并购战略，创新发展。综观世界前 100 家跨国公司发展史，无不是通过资本经营形成的。新经济呼唤新的企业发展模式，并购作为企业发展的一种重要模式，这时就显得非常重要。

（3）优化重组，提升竞争力。加入 WTO 后，国内的企业面对开放度更高、竞争更激烈的局面，通过联合，不仅减少了竞争对手，而且还获得了竞争对手原有的信息、核心资产、销售渠道、研发队伍、管理经验等资源，既实现了资源的优化重组，又增加了市场占有率，从而达到并购企业间优势互补，提高核心竞争能力的目的。

四 第四阶段（2002 年至今）

自 2002 年开始，中国证券市场步入低潮发展阶段，同时证券市场的运作也进入了强调规范运作和有序发展的调整期。大量针对证券市场、上市公司的法律法规接连出台，特别是 2002 年 12 月 1 日起施行的《上市公司收购管理办法》成为中国证券市场企业并购的重要里程碑性指导方案。

市场日渐理性，由此带来的变化是上市公司战略性并购与实质性重组增多。有别于传统交易方式，金融创新成为第四次并购浪潮的一个亮点。金融创新带来的复杂交易也“掩盖”了并购的真实目的。一批民营企业成为带动资本市场风起云涌的明星。例如，2004 年初，香港上市公司四通电子（0409. HK）斥资 12 亿美元收购了史玉柱二次成功复出的关键产品“脑白金”和“黄金搭档”的非生产性资产（主要是销售网络）。整个收购是通过转让、授予、接管、股权质押等方式完成的。交易方案一推出，外界有关段永基与史玉柱交易目的与可能结果的种种猜测至今仍没有得出一个结论：是史玉柱借壳上市？是史玉柱套现推出保健品行业？还是段永基的四通电子转型保健品行业？等等。

事实上，该交易并不复杂，无非是四通电子成立了一个离岸子公司四通巨人，然后以12亿美元的价格买下了史玉柱的“脑白金”和“黄金搭档”非生产性资产。交易之所以令外界一头雾水，问题在于交易过程中使用的5.72亿港元可转换至债券上。通过巧妙设计可转债转股时间与方式，史玉柱不仅很好地保全了自身利益，还有效促成了段永基控制四通电子、实现四通产权改革的梦想。

此外，这一阶段中国企业海外并购迈出了坚实的一步。TCL并购德国百年老店施奈德电气，中国海洋石油有限公司以5.91亿美元成功收购西班牙REPSOL－YPF公司在印度尼西亚5个区块的资产后成为印度尼西亚海上最大的石油生产商，上汽集团收购韩国双龙汽车等。在经营与竞争的压力面前，一些优秀的中国企业通过良好的商业运作，把握了海外并购的最佳时机，并辅以合理的财务安排，因此成就了中国企业得以跨出国门并购。

全球并购活动发展至今，已历经五次并购浪潮，并购发展呈浪潮式（waves）特征几乎已成为典型化事实，大量的并购实证研究都支持了这一论断。从我国的并购发展历史来看，并购活动似乎亦呈浪潮式发展态势，但这一典型化事实在我国是否成立还有待于进一步检验。首先，建立以下假说：

原假设 H_0：并购浪潮假说在我国是成立的；

备择假设 H_1：并购活动遵循随机游走，不存在周期性。

第二节　数据、模型的描述与分析

在并购浪潮假说实证检验之前，首先对实证部分所采用的变量和数据进行说明。同时，我们将对实证检验所用模型的选择和原理进行描述。

一　变量的选择及数据来源

（1）变量选择。原则上，总体并购活动规模的量化指标既可以是某一时期内所有上市公司并购交易笔数，也可以是相同时期内所有上市公司并购交易金额[①]。本书考虑到数据的可得性问题，决定采用并购交易笔数数据。

（2）并购交易笔数所属时间的选择。由于中国较为频繁的上市公司并购起始于1997年，所以，本书所用数据起止日期为1998年1月至2006年1月。另外，本书根据实证分析的需要分别采用月度数据和季度数据。

（3）数据来源。2002年1月至2006年1月的数据来自万盟投资公司及全球并购研究中心网站；1998—2001年月度数据由笔者从国泰安并购重组数据库统计。为保持前后数据口径的一致性，并购交易笔数包括了上市公司发生的股权收购、股权转让、资产收购、资产置换等。

（4）原始数据的预处理。原始数据的预处理包括缺损值的补足和奇异值的检验和处理。因为缺损值的存在会导致时间序列的残缺，从而破坏时间序列的“顺序重要性原则”；而奇异值的存在则会影响模型拟合度的精确性。本书数据齐全，没有缺损值和奇异值。

二　模型的选择

到目前为止，正式检验并购浪潮假说的方法有如下几种：（1）假设并购数量序列遵循随机游走，并利用并购数据对随机游走进行检验（Shughart and Tollison，1984）；（2）将并购活动序列模拟为正弦波，以支持并购活动存在周期行为的证据（Golbe and White，1993）；（3）将并购活动假定为稳定的区制转移过程，并对其进行检验（Scott C. Linn，1997）。

① 理论上讲，采用并购交易金额可能更恰当，但我们认为并购交易金额的统计数据的准确性可能不如并购交易笔数。

Weston、Chung 和 Hoag（1990），Golbe 和 White（1993）指出，并购活动即使遵循 AR（1）过程，也不一定与并购浪潮假说矛盾。如果预期和技术创新随机变化，则并购活动看似遵循一个随机、潜在稳定的过程就不足为奇了。Nelson（1959）强烈认为，并购活动总是在短期的高水平和长期的低水平之间循环。Weston、Chung 和 Hoag 认为，如果存在长时期低水平的并购活动，找一个能拟合并购数据但又拒绝并购浪潮假说的模型是可能做到的，虽然这样的模型并不能充分反映真实过程。

本章将借鉴 Scott C. Linn（1997）的研究成果，利用马尔科夫区制转移模型对并购浪潮假说进行检验。这是因为该模型的应用具有三方面的意义：(1) 提供了一个直觉上合理的模型来描述并购活动的波动；(2) 该模型能够为 Shughart 和 Tollison（1984）的研究提供合理的解释，对我们理解 Golbe 和 White（1993）的研究成果亦有帮助；(3) 该模型为我们深入研究并购的驱动因素奠定了基础。但根据我国的并购数据特点，我们认为用三状态的马尔科夫区制转移模型更能刻画我国的总体并购过程。

首先，为了更清楚地说明研究的思路和内容，本节首先给出并购浪潮的定义，这更易于我们解释所观察到的并购活动状况，也弥补了 Shughart 和 Tollison（1984）、Golbe 和 White（1993）研究的不足。按照 Scott C. Linn（1997）的观点，如果并购活动时间序列是由几个不同的 AR 过程刻画，且这几个过程交替出现，则就认为并购浪潮假说成立。

例如，假设有三个不同的 AR（2）过程随着时间进展可能发生，我们在此放松 Scott C. Linn（1997）的假设，认为这三个 AR（2）过程不仅常数项可能不同，而滞后项的自回归系数也可能不同，即

$$s_1: X_t = \alpha_1 + \beta_1 X_{t-1} + \beta_2 X_{t-2} + \varepsilon_{1t} \quad (3.1)$$

$$s_2: X_t = \alpha_2 + \beta_3 X_{t-1} + \beta_4 X_{t-2} + \varepsilon_{2t} \quad (3.2)$$

$$s_3: X_t = \alpha_3 + \beta_5 X_{t-1} + \beta_6 X_{t-2} + \varepsilon_{3t} \quad (3.3)$$

其中，s 是不可观测的三值状态变量，表示并购活动在 t 期的局面状态，$s=1$ 表示总体并购活动水平处于低状态；$s=2$ 表示总体并购活动水平处于中状态；$s=3$ 表示总体并购活动水平处于高状态。ε 是白噪声；常数项 α_1、α_2、α_3 依赖于不可观测的三值状态变量 $s_t \in \{1,2,3\}$ 的实现。因

为这三个过程有不同的均值，第一个状态的无条件均值为 $\frac{\alpha_1}{1-\beta_1-\beta_2}$，第二个状态的无条件均值为 $\frac{\alpha_2}{1-\beta_3-\beta_4}$，第三个状态的无条件均值为 $\frac{\alpha_3}{1-\beta_5-\beta_6}$，所以，并购活动如果在三个状态之间交替变化就会产生并购浪潮。

以上是本章实证检验的理论基础。本章假设我国的并购活动就是遵循上文描述的三状态马尔科夫区制转移过程。

三　模型的描述——马尔科夫区制转移模型

一种检验数据中是否存在三区制的方法是观察并购数据，并针对三种状态分别估计模型。但这种方法在划分区制时有些随意，可能会出现人为的误差，而不能很好地刻画数据过程的动态生成路径。于是，本章采用马尔科夫区制转移模型，以克服上述缺陷①。

Hamilton（1989、1990）提出了常转移概率的马尔科夫模型（Markov Switching，简称为 MS 模型），由于 MS 模型描述了不同阶段、状态或机制下，经济行为所具有的不同特征和性质，所以 MS 模型又可以称为区制转移模型（Regime Switching，简称 RS 模型）。

假设 y_t 是并购数量的时间序列，此时所建立的 p 阶回归模型形式为：

$$y_t = \alpha(S_t) + \sum_{i=1}^{p} \beta_i y_{t-i} + \varepsilon_t \tag{3.4}$$

其中不可观测的区制变量 S_t 是一个取值空间为 $\{1, 2, \cdots, m\}$ 的马尔科夫链，表示经济所处于的 m 种状态。随机误差满足正态分布，即 $\varepsilon_t \sim N(0,\sigma^2)$。

但考虑到模型的估计需要，我们将（3.4）式作如下简化，如（3.5）式所示：

① 因为该模型能够内生地划分状态，克服外生的随意性。

$$y_t - \mu_{s_t} = \alpha_1(y_{t-1} - \mu_{s_{t-1}}) + \alpha_2(y_{t-2} - \mu_{s_{t-2}}) + \varepsilon_t \tag{3.5}$$

其中，μ 表示 y_t 的期望值。

在本章，$p = 2$，$m = 3$。考虑到时间序列从一个状态到另一个状态的非线性转移，对每一个状态，研究中的变量分布被假定是正态的且有不同的均值和方差，从一个状态到另一个状态的转移概率通过一阶马尔科夫概率规则刻画出来。

由于 s_t 是服从遍历不可约的一阶马尔科夫过程，我们把状态转移概率简记为 $P(s_t = j \mid s_{t-1} = i) = p_{ij}$，（$i,j = 1,2,3$），且 $\sum_{k=1}^{3} p_{ik} = 1$，即

$$\begin{aligned}
P(s_t = 1 \mid s_{t-1} = 1) &= p_{11} \\
P(s_t = 2 \mid s_{t-1} = 1) &= p_{12} \\
P(s_t = 3 \mid s_{t-1} = 1) &= p_{13} \\
P(s_t = 1 \mid s_{t-1} = 2) &= p_{21} \\
P(s_t = 2 \mid s_{t-1} = 2) &= p_{22} \\
P(s_t = 3 \mid s_{t-1} = 2) &= p_{23} \\
P(s_t = 1 \mid s_{t-1} = 3) &= p_{31} \\
P(s_t = 2 \mid s_{t-1} = 3) &= p_{32} \\
P(s_t = 3 \mid s_{t-1} = 3) &= p_{33}
\end{aligned} \tag{3.6}$$

转移概率的限制条件为：

$p_{11} + p_{12} + p_{13} = p_{21} + p_{22} + p_{23} = p_{31} + p_{32} + p_{33} = 1$。

本章中，马尔科夫转移概率矩阵假定如下：

$$P = \begin{bmatrix} p_{11} & p_{12} & p_{13} \\ p_{21} & p_{22} & p_{23} \\ p_{31} & p_{32} & p_{33} \end{bmatrix} \tag{3.7}$$

设 y_t 为并购规模指标，s_t 为状态（$s_t = 1,2,3$）。由于模型中的状态变量 s_t 与其前一期状态有关（马尔科夫性）且不可观测，y_t 也服从于 AR 过程，因此应用极大似然估计（即最大化下面的对数似然函数）来求解模型的参数：

$$\ln L = \sum_{t=1}^{T} \ln[f(y_t \mid \psi_{t-1}, s_t, s_{t-1})], \tag{3.8}$$

其中，$f(y_t \mid \psi_{t-1}, s_t, s_{t-1}) = \frac{1}{\sqrt{2\pi\sigma_{s_t}^2}} \exp(\frac{[(y_t - u_{s_t}) - \varphi_1(y_{t-1} - u_{s_{t-1}})]^2}{2\sigma_{s_t}^2})$，$\psi_t$表示直到 t 期的信息集。具体的算法过程通过 Hamilton 滤波来实现。

通过对上式的极大似然估计可以得到各期局面状态的统计推断概率。通常把用直到当期的信息来推断当期状态的概率称为滤波概率（filtering probability），记为 $P[S_t \mid \psi_t]$；用直到前一期的信息来推断当期状态的概率称为预测概率（predicting probability），记为 $P[S_t \mid \psi_{t-1}]$；用全部的信息来推断当期的概率称为平滑概率（smoothing probability），记为 $P[S_t \mid \psi_T]$。一般从结果上来说，预测概率具有类似于“先行”或“先验”的特征，平滑概率具有“滞后”或“后验”的特征，滤波概率既考虑了先验的信息，又利用当期信息进行部分“后验”修正，因此本章依据如下的滤波概率进行分析和局面判别：

$$P[S_t = j \mid \psi_t] = \sum_{s_{t-1}=1}^{M} P[S_t = j, S_{t-1} = i \mid \psi_t]$$

$$= \sum_{s_{t-1}=1}^{M} \frac{f(y_t \mid S_t = j, S_{t-1} = i, \psi_{t-1}) \cdot P[S_t = j, S_{t-1} = i \mid \psi_{t-1}]}{f(y_t \mid \psi_{t-1})} \tag{3.9}$$

第三节　并购浪潮假说的实证检验

一　我国上市公司总体并购活动的分布特征

在对并购浪潮假说进行严格的计量检验之前，让我们先从直观上来观察并购浪潮在我国的痕迹。首先，给出我国 1998 年 1 月至 2006 年 1 月间上市公司总体并购活动月度波动情况，如图 3.1 所示。

从图 3.1 中，我们可以直观地看到，我国并购活动存在周期性，即并购浪潮假说在我国是成立的，并购活动不完全遵循随机游走过程。

关于这一点，也可以从总体并购交易笔数序列的频率分布图中得到初步印证（由 eviews5.0 给出），如图 3.2 所示。

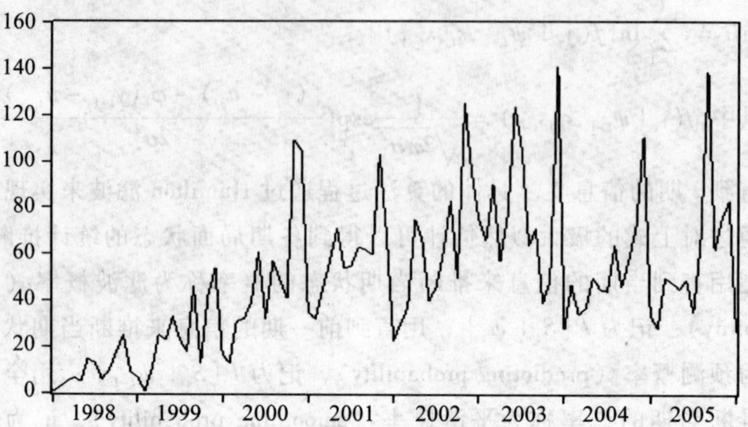

图 3.1　1998 年 1 月至 2006 年 1 月我国总体并购交易笔数序列图

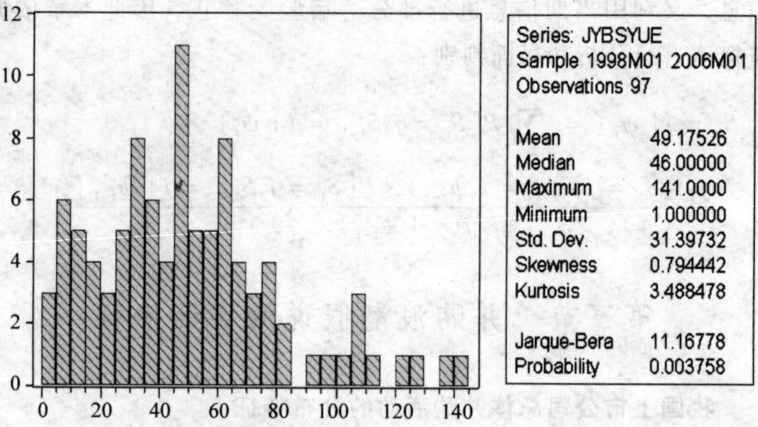

图 3.2　月并购交易笔数的频率分布图（1998 年 1 月至 2006 年 1 月）

图 3.2 显示，我国 1998 年 1 月至 2006 年 1 月的并购交易笔数序列的频率分布存在多个峰丘（humps）和肥尾（fat tails）。这预示着，并购数据是由多个均值不同的 AR 过程生成。对总体并购交易笔数序列的正态性检验发现，并购数据的偏度（Skewness）为 0.794，远远大于 0，峰度（Kurtosis）为 3.488，与正态分布峰度 3 有较大差距。同时，Jarque-Bera

统计量为 11.168，并购数据序列在 5% 的显著性水平下拒绝了正态分布的原假设。从而我们推断，总体并购交易笔数序列是由服从肥尾特征的分布过程生成，而不是随机扰动项服从正态分布的单一 AR 过程。所以，采用多状态区制转移过程来刻画总体并购交易笔数序列较为合适。

二　三状态马尔科夫区制转移模型的检验结果

如 Hamilton（1989）所言，以上所估模型的重要特性是可以据此推断并购样本期内每一时刻所处的状态。这些推断是通过并购序列的历史数据所计算的条件概率和对模型的极大似然估计来实现的。利用 OX3.2（Doornik，2002）和 MSVAR1.31e（Krolzig，2003）软件得到（3.5）式所示的三状态马尔科夫区制转移模型 MS（3）－AR（2）的参数估计，结果如表 3.1 所示。

表 3.1　**参数的估计结果**

参数	估计值	T 统计量
μ_1	41.6876	7.4
μ_2	59.5565	9.1
μ_3	112.8453	15.4
α_1	－0.1	－3.7
α_2	－0.2	－4.2

从表 3.1 可以看出，各参数的估计结果都是显著的，且各状态的均值明显不同，这说明我国总体并购活动遵循三状态马尔科夫区制转移过程。

根据以上的估计结果，我们用图 3.3 来刻画并购序列处于各状态的滤波概率。

需要说明的是，1998—2000 年的并购活动处于较低的水平，这期间的并购序列都处于低状态。为了说明的方便，上图只给出 2000 年以来各状态的滤波概率。

从图 3.3 中可以看出，支持并购序列遵循三状态的区制转移过程的证

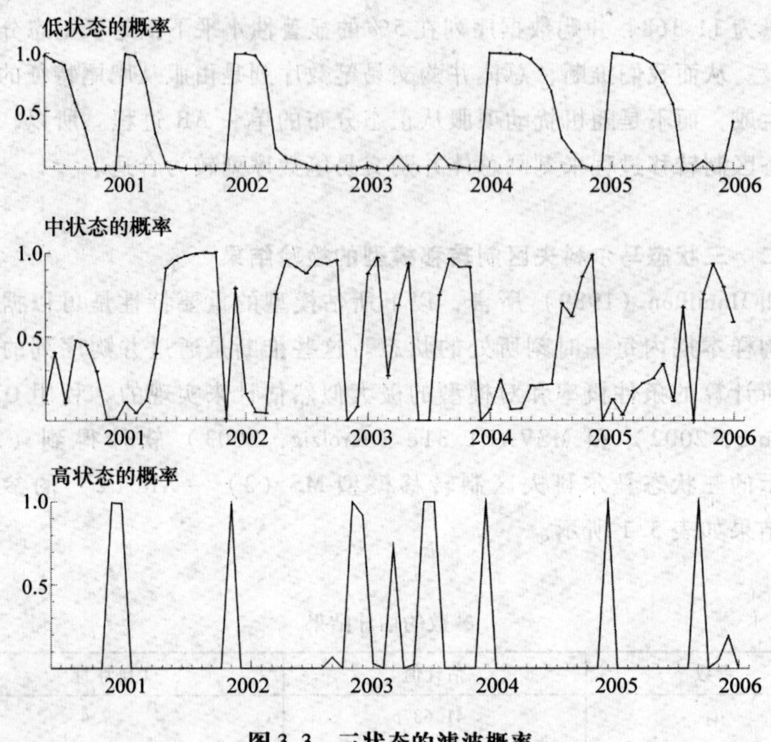

图 3.3　三状态的滤波概率

据是很明显的：当实际并购交易笔数序列值处于较高的水平时，该时期总体并购活动处于高状态的条件概率接近于1；当实际总体并购交易笔数序列处于较低的水平时，该时期总体并购活动处于低状态的条件概率也接近于1；对于总体并购活动的中状态也同样存在这种情况。这些结果使我们有信心认为，三状态区制转移模型和我们对并购浪潮的定义能够正确地刻画我国整体并购活动。由此，接受了上一部分建立的原假设，认为并购浪潮假说在我国是成立的，并购活动具有周期性，而拒绝认为并购活动是随机游走的备择假设。

值得注意的是，由于我国并购市场发展不完善，并购数据相对较少，使得并购活动的周期性并不像西方发达国家那样明显，对分析我国并购周期的特征造成了很大障碍，但并不影响并购浪潮假说的检验。

本章小结

并购活动浪潮式发展在西方发达国家几乎已成典型化事实，我国近年来并购活动发展历程的简单回顾初步表明，这一典型化事实在我国似乎也是存在的。通过对我国 1998 年 1 月至 2006 年 1 月的并购交易笔数序列的频率分布看出，并购交易笔数序列分布存在多个峰丘（humps）和肥尾（fat tails）。这预示着，并购数据是由多个均值不同的 AR 过程生成。对并购序列的正态性检验发现，并购数据的偏度（Skewness）为 0.794，远远大于 0，峰度（Kurtosis）为 3.488，与正态分布峰度 3 有较大差距。Jarque-Bera 统计量检验也印证了这一点。从而，我们初步推断，并购数据是由服从肥尾特征的分布过程生成。

马尔科夫区制转移模型的实证检验结果表明，当实际序列值处于较高的水平时，该时期总体并购活动处于高状态的条件概率接近于 1。这些结果使我们有信心认为，三状态区制转移模型和我们对并购浪潮的定义能够正确地刻画我国总体并购活动。由此，本章前面建立的原假设是正确的，即并购浪潮假说在我国成立，并购活动具有周期性。

附　　录[①]

MS - VAR 模型的描述

具有马尔科夫区制转移的向量自回归过程（Markov - switching vector autoregressive，MS - VAR）可视为基本有限阶 VAR（p）模型的一般化形式。考虑如下一个 K 维时间序列构成向量 $y_t = (y_{1t}, \cdots, y_{Kt})'$ 的 p 阶自回归过程：

$$y_t = v + A_1 y_{t-1} + \cdots + A_p y_{t-p} + u_t \tag{1}$$

其中，$t = 1, \cdots, T$，$u_t \sim IID(0, \Sigma)$，$y_0, \cdots, y_{1-p}$ 均为既定值。$A(L)$ 为

① 本附录主要参考了 Krolzig（1998）和 Bellone（2005）的研究。

$K \times K$ 维滞后多项式，表示为 $A(L) = I_K - A_1 L - \cdots - A_p L^p$，$L$ 为滞后算子，且假设没有单位根落在单位圆 $|A(z)| \neq 0$（$|z| \leqslant 1$）内部或边缘，那么，$y_{t-j} = L^j y_t$。如果误差项服从正态分布，即 $u_t \sim NID(0,\Sigma)$，则方程式（1）为稳态高斯 VAR（p）模型的截距形式，它可以表示成如下的均值调整形式：

$$y_t - \mu = A_1(y_{t-1} - \mu) + \cdots + A_p(y_{t-p} - \mu) + u_t \tag{2}$$

其中，$\mu = (I_K - \sum_{j=1}^{p} A_j)^{-1} v$ 是 y_t 的 $K \times 1$ 维均值。

如果时间序列受到区制变化的支配，那么稳态 VAR 模型的参数不变特征将无法描述这样的过程。而 MS－VAR 模型通常在这样的区制转移框架下使用。这类模型的一般思想是，对于可观测时间序列向量 y_t，其潜在数据生成过程的参数依赖于不可观测的区制变量 s_t。这里，s_t 表示模型所处不同状态的概率。

马尔科夫转移模型的特殊性在于假设不可观测区制的已实现值 $s_t \in \{1,\cdots,M\}$ 服从一个离散时间和离散状态的马尔科夫随机过程，并可以利用转移概率进行定义：

$$p_{ij} = \Pr(s_{t+1} = j \mid s_t = i), \sum_{j=1}^{M} p_{ij} = 1 \; \forall i,j \in \{1,\cdots,M\} \tag{3}$$

更准确地说，马尔科夫转移模型假设 s_t 服从一个不可约的、遍历的 M 区制马尔科夫过程，其转移矩阵为①：

$$\boldsymbol{P} = \begin{bmatrix} p_{11} & p_{12} & \cdots & p_{1M} \\ p_{21} & p_{22} & \cdots & p_{2M} \\ \vdots & \vdots & \vdots & \vdots \\ p_{11} & p_{12} & \cdots & p_{1M} \end{bmatrix} \tag{4}$$

其中，对于 $i = 1,\cdots,M$，$p_{iM} = 1 - p_{i1} - \cdots - p_{i,M-1}$

考虑方程（2）中均值调整 VAR（p）模型的马尔科夫区制转移形式，假设阶数为 p，区制数为 M：

① 必须注意，满足遍历性且不可约性的假设是 MS－VAR 模型最根本的理论特征。就这一问题的讨论见 Hamilton（1994）和 Krolzig（1997b）。

$$y_t - \mu(s_t) = A_1(s_t)(y_{t-1} - \mu(s_{t-1})) + \cdots + A_p(s_t)(y_{t-p} - \mu(s_{t-p})) + u_t \quad (5)$$

其中，$u_t \sim NID(0, \Sigma(s_t))$，$\mu(s_t), A_1(s_t), \cdots, A_p(s_t), \Sigma(s_t)$ 是用来描述参数 $\mu, A_1 \cdots, A_p$ 和 Σ 对于已实现区制 s_t 依赖的变参数函数，即，

$$\mu(s_t) = \begin{cases} \mu_1 & s_t = 1 \\ \vdots & \\ \mu_M & s_t = M \end{cases} \quad (6)$$

在模型（5）刻画的均值过程中，如果区制发生一个当即的一次性跳跃，那么模型会随之变化。而在某些情形下，当模型从一个区制迁移到另一个区制时，假设均值平滑地到达另一个新的水平并不合理，那么，此时则可以使用下面的截距项区制依赖模型：

$$y_t = v(s_t) + A_1(s_t)y_{t-1} + \cdots + A_p(s_t)y_{t-p} + u_t \quad (7)$$

与线性 VAR 模型不同，对于一个 MS（M）－VAR（p）来说，均值调整的（5）式和截距调整的（7）式并不等价。它们刻画了可观测变量在区制变化后的不同动态调整模式（Krolzig，1997）。

在实证研究中，基于不同的研究目的，我们可能希望某些参数是区制依赖的，而另外的参数则不随区制的变化而变化。这样，在引入区制转移的过程中，由于 MS－VAR 模型可能均值是状态依赖的，也可能截距项是状态依赖的，误差项还可能是同方差或异方差，所以，根据参数是否状态依赖，我们可以将 MS－VAR 模型的设定形式归纳出以下几种：

M 均值状态依赖；I 截距项状态依赖；A 自回归参数状态依赖；H 误差项异方差。

为了表述清晰，更全面的总结如表 1 所示。

在通常情况下 MSI（M）－VAR（p）和 MSM（M）－VAR（p）模型就能够满足不同的需要形式。为了标记时变均值和时变常数项的 VAR 模型，一般将向量自回归的均值调整形式记为 MVAR（p）。如果系统中包括外生回归量，则表示为 MS（M）－VARX（p）。

如果给定区制 ξ_t 和滞后内生变量 $Y_{t-1} = (y'_{t-1}, y'_{t-2}, \cdots, y'_1, y'_0, \cdots, y'_{1-p})'$，$y_t$ 的条件概率密度函数可以表示为 $p(y_t \mid s_t, Y_{t-1})$。假设在（5）式和（7）式

表 1　　MS－VAR 模型的设定形式

		MSM	MSI		
		μ 可变	μ 不变	ν 可变	ν 不变
A_j 不变	Σ不变	MSM－VAR	线性 MVAR	MSI－VAR	线性 VAR
	Σ可变	MSMH－VAR	MSH－MVAR	MSIH－VAR	MSH－VAR
A_j 可变	Σ不变	MSMA－VAR	MSA－MVAR	MSIA－VAR	MSA－VAR
	Σ可变	MSMAH－VAR	MSAH－MVAR	MSIAH－VAR	MSAH－VAR

中误差项 u_t 均服从正态分布，则

$$p(y_t \mid s_t = m, Y_{t-1}) = \ln(2\pi)^{-1/2}\ln\mid \Sigma\mid^{-1/2}\exp\{(y_t - \bar{y}_{mt})'\Sigma_m^{-1}(y_t - \bar{y}_{mt})\} \tag{8}$$

其中，$\bar{y}_{mt} = E[y_t \mid s_t, Y_{t-1}]$ 为 y_t 处于区制 m 的条件期望。因此，对于给定区制 s_t，y_t 的条件密度与（1）式中的 VAR 模型相同，均为正态，即

$$y_t \mid s_t = m, Y_{t-1} \sim NID(\bar{y}_{mt}, \Sigma_m) \tag{9}$$

其中，条件均值 $\bar{y}_{mt}$ 包含在向量 $\bar{y}_t$ 之中，例如，在 MSI 的设定形式下有：

$$\bar{y}_t = \begin{bmatrix} \bar{y}_{1t} \\ \vdots \\ \bar{y}_{Mt} \end{bmatrix} = \begin{bmatrix} v_1 + \sum_{j=1}^{p} A_{1j}y_{t-j} \\ \vdots \\ v_M + \sum_{j=1}^{p} A_{Mj}y_{t-j} \end{bmatrix}$$

假设 $t-1$ 时刻的可得信息集仅由样本观察值和 Y_{t-1} 中的样本前值组成，马尔科夫链的状态为 s_{t-1}，那么 y_t 的条件密度服从混合正态分布

$$\begin{aligned} & p(y_t \mid s_{t-1} = i, Y_{t-1}) \\ & = \sum_{m=1}^{M} p(y_t \mid s_t, Y_{t-1})\Pr(s_t = m \mid s_{t-1} = i) \\ & = \sum_{m=1}^{M}\sum_{i=1}^{M} p_{im}(\ln(2\pi)^{-1/2})\ln\mid \Sigma_m\mid^{-1/2}\exp\{(y_t - \bar{y}_{mt})'\Sigma_m^{-1}(y_t - \bar{y}_{mt})\} \end{aligned} \tag{10}$$

已实现马尔科夫链的信息包含在向量 ξ_t 中，

$$\xi_t = \begin{bmatrix} I(s_t = 1) \\ \vdots \\ I(s_t = M) \end{bmatrix}$$

其中，指数函数 $I(s_t = m)$ 定义为：

$$I(s_t = m) = \begin{cases} 1, & s_t = m \\ 0, & \text{其它} \end{cases}$$

于是，$\mu(s_t) = \sum_{m=1}^{M} \mu_m I(s_t = m) = M\xi_t$，此处，$M = [\mu_1, \cdots, \mu_M]$。因此，$\xi_t$ 表示系统的不可观测状态。类似的，y_t 关于 s_t 和 Y_{t-1} 的条件密度包含在向量 η_t 中

$$\eta_t = \begin{bmatrix} p(y_t \mid \xi_t = 1, Y_{t-1}) \\ \vdots \\ p(y_t \mid \xi_t = M, Y_{t-1}) \end{bmatrix} \tag{11}$$

方程式（10）可以写为：

$$p(y_t \mid \xi_t, Y_{t-1}) = \eta'_t P' \xi_{t-1} \tag{12}$$

因为假设区制不可观测，所以仅包括截止到 t 时刻的观测时间序列及不可观测区制向量 ξ_t 的 $t-1$ 时刻可得相关信息集合被推断 $\Pr(\xi_t \mid Y_\tau)$ 代替。在给定信息集 Y_τ 的情况下，区制 m 的概率表示成 $\xi_{mt|\tau}$，并包含在向量 $\hat{\xi}_{t|\tau}$ 中，

$$\hat{\xi}_{t|\tau} = \begin{bmatrix} \Pr(s_t = 1 \mid Y_\tau) \\ \vdots \\ \Pr(s_t = M \mid Y_\tau) \end{bmatrix}$$

因此，在 Y_{t-1} 的基础上，y_t 的条件概率密度为：

$$\begin{aligned} p(y_t \mid Y_{t-1}) &= \int p(y_t, \xi_{t-1} \mid Y_{t-1})\, d\xi_{t-1} \\ &= \int p(y_t \mid \xi_{t-1}, Y_{t-1}) \Pr(\xi_{t-1} \mid Y_{t-1})\, d\xi_{t-1} \\ &= \eta'_t P' \hat{\xi}_{t-1|t-1} \end{aligned} \tag{13}$$

有了（13）式中单个观察值 y_t 的条件概率密度，样本的条件概率密度也可以类似的推断。

MS－VAR 模型似然函数的构建如下：

给定样本前值 Y_0，样本 $Y \equiv Y_T$ 关于区制 ξ 的条件密度由下式决定

$$p(Y \mid \xi) = \prod_{t=1}^{T} p(y_t \mid \xi_t, Y_{t-1}) \tag{14}$$

因此，观测值和区制的联合概率分布可由下式计算

$$p(Y,\xi) = p(Y \mid \xi)\Pr(\xi) = \prod_{t=1}^{T} p(y_t \mid \xi_t, Y_{t-1}) \prod_{t=2}^{T} \Pr(\xi_t \mid \xi_{t-1})\Pr(\xi_1)$$

所以，Y 的非条件密度可由边际密度给出

$$p(Y) = \int p(Y,\xi)\, d\xi$$

MS－VAR 模型似然函数极大化需要迭代估计技术以获得自回归参数和控制马尔科夫链不可观测状态转移概率的估计。将参数向量表示为 $\lambda = (\theta,\rho)$，则 λ 就是满足给定观测值 $Y_{t-1} = (y'_T, \cdots, y'_{1-p})'$ 似然函数最大化的参数。

Hamilton（1990）给出了马尔科夫区制转移类模型的极大似然估计（ML）的算法——期望最大化算法（EM）。作为一种替代估计方法，Krolzig（1997b）提出了 MS（M）－VAR（p）模型极大似然估计的数值技术。EM 算法最初由 Dempster et al.（1977）提出，适用于各种可观测时间序列依赖于某些不可观测随机向量的模型。

EM 算法的每一步迭代均由两步组成：第一步为求期望过程（简称 E 步），涉及滤波和平滑两种算法，即利用极大化过程最后一步的估计参数向量 $\lambda^{(j-1)}$ 替代未知的真实参数向量。这一过程产生了不可观测状态 ξ_t（ξ 记录了马尔科夫链的历史）平滑概率 $\Pr(\xi \mid Y,\lambda^{(j-1)})$ 的估计；第二步为求极大值过程（简称 M 步），导出参数 λ 的一个估计 $\tilde{\lambda}$ 作为一阶条件下似然函数的解，然后使用求期望过程最后一步得到的平滑概率 $\Pr(\xi \mid Y,\lambda^{(j-1)})$ 替代条件区制概率 $\Pr(\xi \mid Y,\lambda)$。构造新的参数向量 λ 使得滤波及平滑概率在下一步求期望步骤中有所变化，并保证每一步都能增大似然函数的值。

这种方法下构建的区制是解释 MS－VAR 模型的重要工具。它得到了经济过程中潜在状态的最优推断，并由此得到不可观测区制关于可得信息集的条件概率。根据条件密度的定义，区制向量 ξ 的条件分布为

$$\Pr(\xi \mid Y) = \frac{p(Y,\xi)}{p(Y)}$$

因此，条件区制概率 $\Pr(\xi_t \mid Y)$ 可以通过边际 $\Pr(\xi \mid Y)$ 导出。

上述过程非常繁复，Krolzig（1997b）给出了一个相对简单的递归滤波和平滑算法，更为详细的阐述可参见该书的第五章。

第四章

我国上市公司总体并购活动的周期特征研究

第三章的实证检验表明，我国上市公司总体并购活动呈浪潮式发展态势，并购活动具有周期性。从而，对我国并购活动进行研究，就首先需要对总体并购活动的周期特征进行刻画，特别是周期各状态之间的转移规律、并购周期的非对称性等特征，这不仅有助于对我国并购领域已取得的各种归纳性假设进行检验，还有助于人们认识和把握我国上市公司总体并购活动的发展路径和发展趋势，从而为宏观经济决策提供进一步的参考依据。正是基于这种认识，本章拟对我国上市公司总体并购活动的周期特征进行研究。

总体并购活动的时间特征或周期特征研究目前已渐渐得到人们的重视，Golbe 和 White（1993）成功地拟合了一个正弦波来刻画并购数量序列运动特征；Barkoulas、Baum 和 Chakraborty（2001）利用长记忆过程来刻画美国并购活动的总体水平。Sian Owen（2004）利用三状态马尔科夫区制转移模型来刻画英国总体并购活动。目前，国内学者在并购周期特征方面的研究尚不存在。本章关于并购周期的非对称性研究主要借鉴于国内外学者在经济周期领域的研究成果，利用计量经济和时间序列模型等对总体并购序列进行随机分解，对其周期的非对称性进行实证检验。本章分析得到的一些重要检验结果，可以作为描述中国并购活动波动的重要典型化事实，用于进一步分析和判断并购活动的运行趋势，检验和校正相应的并购理论。

第一节　周期非对称性理论及检验方法

由于本章对并购周期的非对称特征的刻画是借鉴经济周期方面的研究成果，从而要了解周期非对称性的含义，我们应借助经济周期的非对称性概念来加以说明①。

无论是在计划经济还是市场经济中，经济运行过程中各种宏观经济总量在不同的阶段具有不同的性质，并且这些性质在经济发展过程当中阶段性地重复出现，这就是经济周期体现出的特定现象。一个具有对称性的经济周期，它的扩张期与收缩期的反映应该是基本重合的，但是自从人们注意到经济周期这一带有重复性的现象时，就已经发现经济周期并不是这样完美的，周期一词具有的定时和规则性已经给人们带来了概念上的混淆，其实 Burns 和 Mitchell（1946）早已将经济周期的非对称性作为定义加以描述，Hicks（1950）已经给出了完全竞争市场条件下具有确定性的非对称周期的例子。随着经济计量技术的进展，人们发现了经济周期当中的多种合成成分都具有非对称性，并且经济周期当中的非对称成分可能是主要成分，而且当随机性成分比较显著的时候，经济周期的非对称性就越加显著，为此，Hamilton（1989）在非线性随机时间序列模型中，检验发现在实际产出周期中确实存在非对称性。

一　周期的非对称性

目前引起人们普遍关注的非对称性有两种，即偏移型非对称性和深度型非对称性。由这两种非对称性也可以组合形成其他形式的非对称性。正常的对称性周期如图 4.1（a）所示，这样的周期沿着均值线进行反折后是重合的；如果一个经济周期的扩张期和收缩期的深度基本相同，但是扩张期和收缩期的延续长度不同，这样的经济周期被称为陡峭型周期。如果周期当中的扩张期比收缩期过程长，而且收缩期下降程度要比扩张期上升程度更为陡峭，这

① 关于经济周期的概念、分类方法及周期指标的选择等内容将在下一章作详细介绍。

样的非对称性被称为缓升陡降型非对称性周期，如图 4.1（b）所示；如果一个周期当中的收缩期比扩张期更为长一些，即周期的上升期比较陡峭，则称之为陡升缓降型非对称周期，如图 4.1（c）所示。如果一个周期沿着平均水平线反折后的峰顶仍然高于周期的谷底水平，这样的周期被称为深度收缩型周期，如图 4.1（d）所示。如果折后的峰顶普遍低于周期对应的谷底水平，则称其为深度扩张型周期。在西方国家的经济运行当中，经常出现的非对称性类型是缓升陡降型和深度收缩型的非对称性（Hess & Iwata，1997），与此形成鲜明对照的是，国内学者①检验发现，在中国目前的经济波动当中频繁出现的是陡升缓降型和深度扩张型的非对称性，这可能是目前中国经济发展阶段性和各种体制因素形成的。

除了上述单纯的陡峭型和深度型的非对称性，如果在一个经济周期过程中，收缩期比扩张期具有更大的深度，同时收缩期比扩张期持久，这样就体现出一种陡升型和深度型混合的非对称性，如图 4.1（e）所示。这

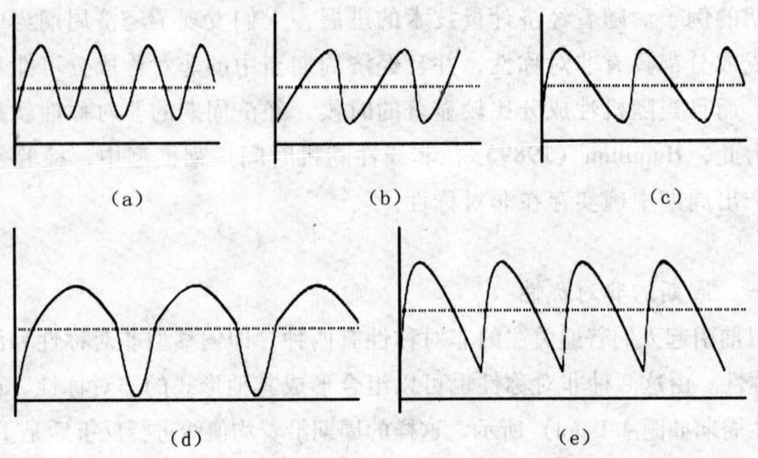

图 4.1　经济周期的对称性与非对称性②

① 刘金全、范剑青：《中国经济周期的非对称性和相关性研究》，《经济研究》2001 年第 5 期。
② 同上。

种类型的经济周期在中国改革开放之前出现过，但目前中国经济周期的非对称性，主要以陡升缓降和深度扩张的混合型为主。

可以证明，使用通常高斯—马尔科夫假设条件下的线性时间序列方法是无法检验经济变量波动的非对称性的，因为如果假设一个平稳时间序列满足下述 ARMA 模型：$A(L)y_t = B(L)\varepsilon_t$，其中 $A(L)$ 和 $B(L)$ 分别是有限阶的滞后算子多项式，则可以得到周期分量相对于随机扰动的反应函数是：$y_t = A(L)^{-1}B(L)\varepsilon_t$，如果假设扰动序列 ε_t 是独立同分布的正态随机序列的话，那么由它的线性组合得到的 y_t 便也具有对称分布。因此描述周期的非对称性，要么假设随机扰动当中存在序列相关，要么采用非线性时间序列模型。为了构造非线性时间序列模型，Hess（1997）直接将刻画衰退程度的解释变量引入到 ARMA 模型当中，从而通过结构方程解释波动过程当中的非对称性。在本研究中，将采用更为直观的方法。

二　周期非对称性的检验方法

在本章中，我们将采用两种方法对我国并购周期的非对称性进行检验。

1. 偏移度检验

（1）统计量的构造

首先，采用更为直观的偏移度检验，这样可以直接检验时间序列当中出现的非对称性。为了检验非对称性，我们构造时间序列的偏移统计量。对于缓升陡降型非对称性，由于处于均值或者趋势曲线下面的样本数量要比处于其上面的样本数量少，因此计算出来的偏移度是负的。与此对应，如果非对称性是陡升缓降型的，那么计算出来的偏移度则是正的。一般的偏移度统计量为：

$$S_1 = \frac{1}{T}\sum_{t=1}^{T}[(y_t - \bar{y})/\sigma(y)]^3 \qquad (4.1)$$

其中 $\bar{y}$ 是样本均值，$\sigma(y)$ 是样本标准差，T 是样本容量。为了进行假设检验，我们需要计算上述统计量的渐近方差，为此首先构造偏移样本，然后将偏移样本基于常数进行回归，这样得到的最小二乘估计便是上述统

计量 S_1，从而 S_1 具有原假设下的正态分布，因此可以进行相应的显著性检验。

需要注意，偏移统计量也同时揭示了样本累积分布的尾部性质。正的偏移度说明概率分布具有较长的右边尾部，而负的偏移度则说明概率分布具有较长的左边尾部。

（2）时间序列的趋势分解

由于要检验时间序列当中的非对称性，因此采用的趋势分解方式需要满足一些要求。首先分解方式本身不应该在分解过程当中引入附加的伪非对称性，其次要求检验统计量具有可以采用的标准分布，再次采用的分解方式要有比较直观的解释。到目前为止，常用的趋势分解方法主要有以下三种：

1）差分分解

对于一阶差分满足随机游动的时间序列 x_t，它可以表示为：$\Delta x_t = \Delta x_{t-1} + y_t$，因此这时的周期成分便是：$\Delta x_t - \Delta x_{t-1} = y_t$。差分方式分解经常用于利率、汇率和其他同比增长率序列，需要进行单位根检验。

2）时间趋势脱离

假设时间序列可以分解为：

$$x_t = T_t + y_t$$

$$T_t = a_1 + \sum_{i=1}^{q} b_{1i} f(t - t_0), t \leqslant \bar{t}$$

$$T_t = a_2 + \sum_{i=1}^{q} b_{2i} f(t - t_1), \bar{t} + 1 \leqslant t \leqslant T \tag{4.2}$$

其中 f 是多项式函数，一般采用线性趋势或者二次时间趋势，t_0 和 t_1 是分段区域的固定起点。$\bar{t}$ 可能是分解区间当中出现的结构转变点，在这样分解方式下对应的周期成分是：

$$y_t = x_t - T_t$$

3）H－P 滤波

在时间序列状态空间的分解方面，还有比较常用的 H－P 滤波方式。H－P 滤波由 Hodrick 和 Prescott（1997）最早提出，是一种时间序列在状态空间中的分解方法，是通过最小化实际产出的波动和整体样本趋势变化率来求得趋势产出值，具体原理如下：

设经济时间序列为 $Y = \{y_1, y_2, \ldots, y_n\}$，趋势要素为 $T = \{t_1, t_2, \ldots, t_n\}$，$n$ 为样本长度。一般的，时间序列 y_i 中的不可观测部分趋势 t_i 常被定义为如下最小化问题的解：

$$\min \sum_{i-1}^{n} \{(y_i - t_i)^2 + \lambda[c(L)t_i]^2\} \tag{4.3}$$

其中，正实数 λ 表示在分解中长期趋势和周期波动所占权重。$c(L)$ 是滞后算子多项式：

$$c(L) = (L^{-1} - 1) - (1 - L) \tag{4.4}$$

将（4.4）代入（4.3）式，得到式（4.5）如下：

$$\min\{\sum_{i-1}^{n}(y_i - t_i)^2 + \lambda \sum_{i-1}^{n}[(t_{i+1} - t_i) - (t_i - t_{i-1})]^2\} \tag{4.5}$$

最小化问题用 $[c(L)t_i]^2$ 来调整趋势的变化，并随着 λ 的增大而增大。这里存在一个权衡问题，要在趋势要素对实际序列的跟踪程度和趋势光滑度之间作一个选择。$\lambda = 0$ 时，满足最小化问题的趋势等于序列 y_i；λ 增加时，估计趋势中的变化数量相对于序列中的变化减少，即 λ 越大，估计趋势越光滑；λ 趋于无穷大时，估计趋势将接近线性函数。λ 的最优选取是：$\lambda = \frac{\sigma_1^2}{\sigma_2^2}$，这里 σ_1^2 和 σ_2^2 分别是时间序列当中趋势成分和周期成分的标准差。根据 Ravn 和 Uhlig（2002）的研究，λ 的取值如下：对于月度数据，通常取 $\lambda = 14400$；对于季度数据，通常取 $\lambda = 1600$；对于年度数据，λ 通常取 100。H－P 滤波法具有很好的适应性和灵活性，它不像阶段平均法那样依赖于经济周期峰和谷的确定。它把经济周期看成宏观经济波动对某些缓慢变动路径的偏离，这种路径在期间内单调地增长，所以称之为趋势。H－P 滤波增大了经济周期的频率，使周期波动减弱。

关于周期是否存在非对称性，一些研究认为它依赖于宏观经济变量时间序列的分解方式，即采用什么样的方式将时间序列当中的趋势成分和周期成分分离开来。如果周期成分是具有对称分布的随机扰动，那么周期将具有对称性的特点。

因此，利用高斯—马尔科夫假设下的线性时间序列模型检验经济周期的非对称性存在一定的欠缺。本章在分析并购周期的过程中采用的是 H－P 滤波方法，它本质上是一种线性滤波方式。使用线性滤波具有明显的优点，即在分解当中不会引入伪非对称性，因为线性滤波应用到对称序列以后，将仍然得到对称序列。因此，线性滤波不会将原来对称的序列经过滤波以后得到非对称性。

2. 三状态马尔科夫区制转移模型（MSVAR）

Clements 和 Krolzig（2003）在检验经济周期非对称性时采用三状态马尔科夫区制转移模型，本章正是借鉴这一成果对我国并购周期的非对称特征进行检验。关于三状态马尔科夫区制转移模型，我们在第三章检验并购浪潮假说时已作说明，这里不再重复。但有几点不同的地方需要强调。首先，三状态的分法与以前不同，在本部分，我们的目的是检验并购周期的非对称性，所以三状态的含义如下：状态 1 代表并购浪潮结束时并购序列急速下降；状态 2 代表处于上升和下降之间的稳定时期；状态 3 代表并购浪潮开始时并购序列的急速上升①。

为了便于对非对称性的检验，马尔科夫区制转移模型中序列采用差分的形式，即

$$\Delta y_t = v_m + \theta_{m1}\Delta y_{t-1} + \theta_{m2}\Delta y_{t-2} + ... + \varepsilon_t \qquad (4.6)$$

其中，$\varepsilon_t \sim IID(0,\sigma_m^2)$。利用区制转移模型在检验并购序列的非对称性时，需要检验的方面有：

第一，我们将计算每个状态的预期持续期（expected duration），持续期统计量能够提供周期非对称性是否存在的直观证据。

第二，sharpness 检验。该项检验是考察峰和谷在本质上是否相同，是否存在一个比较尖（sharp），而另一个比较圆（round）。该项检验的原

① Sian Owen, "A Markov Switching Model for UK Acquisition Levels", Working Paper, No. 2004－01, 2004.

假设是峰谷转折点没有区别。检验手段是看状态转移概率是否相等，即 $p_{13} = p_{31}$，$p_{12} = p_{32}$ 和 $p_{21} = p_{23}$。

第三，deepness 检验。该项检验主要是考察并购周期谷的幅度是否与峰的幅度明显不同。原假设是两者没有区别。该检验是借助 Wald 统计量，并根据数据偏度（skewness）的估计进行。

第四，steepness 检验。该项检验主要是考察并购周期在某一方向上的移动是否明显比另一方向陡峭（steep）。检验的原假设是峭度不存在区别。

第二节　我国上市公司总体并购活动的基本特征分析

在进行严格的并购周期非对称性计量检验之前，有必要对近年来的并购活动的基本时间序列特征有所了解。这样，既可以对并购时间序列特征进行整体上的把握，又有助于对下一步并购周期特征的分析结论有初步的了解。

一　数据的说明

为了分析问题的方便，本部分实证采用 1998 年一季度至 2005 年四季度的季度数据，其中，1998—2001 年数据来自国泰安并购重组数据库的月度数据；2002—2005 年数据来自全球并购研究中心网站的月度数据。季度数据是根据月度数据累加而成。两时间段的数据保持了统计口径的一致，数据的连贯性没有问题。

二　总体并购活动基本特征分析

在此借助简单直观的统计量来描述上市公司总体并购序列的基本特征，如表 4.1 所示。计算结果来自于 eviews5.0。

表 4.1　　1998 年一季度至 2005 年四季度并购序列的基本统计特征

统计量	1998 年一季度至 2005 年四季度	统计量	1998 年一季度至 2005 年四季度
均值	148.2188	中位数	140.0000
最大值	270.0000	最小值	9.000000
标准差	79.19137	偏度	-0.130297
峰度	1.829907	总数	4743

从表 4.1 中可以看出，我国上市公司并购活动总体规模较小，8 年时间里共发生并购交易笔数 4743 笔，平均每年发生 592.875 笔，每季度才发生 148.2188 笔。即使在并购交易笔数最高的年份（2003）也只有 958 笔，而交易笔数最高的季度（2002 年四季度）交易笔数仅为 270，可见我国的并购规模无法与西方发达国家相比①。从交易笔数的波动上看，季度并购活动存在较大的波动，标准差为 79.19137，年度并购交易标准差达到 266.4515。

从发展趋势看，1998 年以来，我国上市公司总体并购活动发展速度非常快。我们计算得到并购活动的年度增长率序列如表 4.2 所示②。

表 4.2　　并购活动的年度增长率　　（%）

年度	1999	2000	2001	2002	2003	2004	2005
增长率	152.1	98.6	20.3	3.7	31.1	-33.6	12.4

从表 4.2 可以看出，我国近年来并购活动总体规模虽然很小，但增长速度却非常快，远远高于西方发达国家，并远远高于每年的经济增长速度。1998 年以来，中国上市公司总体并购活动之所以呈快速上升趋势，主要起因于以下几个方面：第一，1997 年十五大报告明确提出了企业改

① 如果采用并购交易金额指标，与西方国家并购规模相差更大。

② 增长率是采用环比计算方法，即为$\frac{(m_t - m_{t-1})}{m_{t-1}}$，其中 m 表示并购交易笔数的时间序列值。

革的方向是“实行鼓励兼并、规范破产、下岗分流、减员增效和再就业工程，形成企业的优胜劣汰的竞争机制”，从而为上市公司并购提供了政策支持。第二，1998 年《证券法》关于上市公司收购的规定有较大突破，为上市公司收购提供了更宽松的法律环境。第三，1999 年政府退出竞争性经营领域政策的出台为已陷入经营困境的上市公司产权重组扫除了制度障碍。第四，2001 年 11 月《亏损上市公司暂停上市和终止上市实施办法》的实施，为其他非上市公司买壳上市提供了广阔的市场。第五，许多地方政府为吸引外来投资，取消了以往本地区上市公司股权不得向外地公司转移的限制，为跨地区并购消除了障碍。第六，我国证券市场，特别是股票市场的快速发展，为上市公司并购创造了条件。第七，近年来，国外企业跨国并购带动了国内并购市场的发展。

另外，我们发现总体并购活动增长率序列的波动很剧烈，关于这一点可以从季度数据的增长率序列图①直观看出。

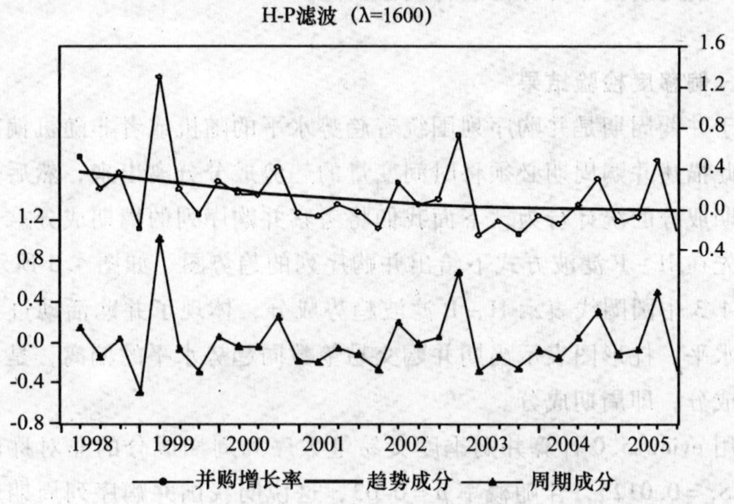

图 4.2　1998—2005 年并购季度增长率的趋势成分和周期成分

① 需要指出的是，图 4.2 是由 H－P 滤波在 λ＝1600 时得到，该过程由 eviews5.0 完成。

由总体并购活动季度增长率的周期成分（图中带三角的线条）可以看出，并购活动的季度增长率波动较大，说明我国的并购活动除了有很快的增长趋势外，序列并不稳定，其周期波动态势明显。从增长率的趋势线（图中较平滑的线条）可以看出，虽然近年来，我国并购活动增长迅速，但增长速度有逐季下滑的趋势。

另外，我们发现并购金额的季度增长率近年来一直高于并购交易笔数的季度增长率，这说明我国企业单笔并购的金额不断增大，大企业之间的联合趋势明显。

第三节　我国上市公司并购周期非对称性的实证检验[①]

在了解总体并购活动基本特征的基础上，本节将利用前文介绍的定量方法对并购周期的非对称性进行实证研究。

一　偏移度检验结果

由于并购周期是并购序列围绕着趋势水平的随机或者非随机偏离形成的，因此描述并购周期必须将时间变量的趋势成分分离出来，然后分析剩余的周期成分的统计行为，下面我们将考察并购序列的周期成分。

首先在 H－P 滤波方式下给出并购序列的趋势图，如图 4.3 所示。

图 4.3 中圆圈线表示 H－P 滤波趋势成分，体现了并购活动过程当中的趋势水平。柱形图表示当期并购交易笔数同趋势水平的偏离，是本研究的重要成分，即周期成分。

利用 eviews5.0 计算并购季度交易笔数序列周期成分的非对称性检验统计量 $S_1=0.0125$，伴随概率 $p=0.03$，这说明我国并购序列周期成分是非对称的，而且是陡升缓降型。同时根据统计量知，我国并购序列概率分布具有较长的右边尾部，这与前面章节的论述结论一致。

---

① 数据在使用之前，已利用 X12 方法进行了季节调整。

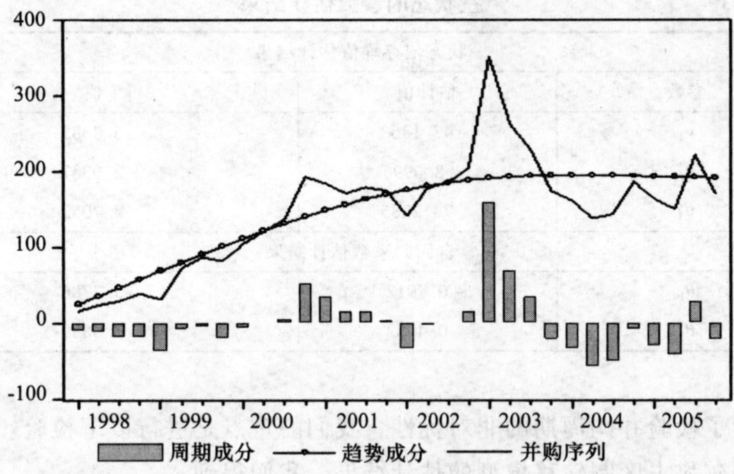

图 4.3　我国并购月度交易笔数的周期成分和趋势成分

为了进一步了解我国并购周期的非对称性特点，我们接下来将借助三状态马尔科夫区制转移模型来展开更深入的研究。

二　MSVAR 的检验结果

本章根据研究需要和信息准则选择了滞后两阶的自回归过程，即 MS (3) -VAR (2) 模型：

$$\Delta y_t = v_m + \theta_{m1}\Delta y_{t-1} + \theta_{m2}\Delta y_{t-2} + \varepsilon_t \text{ , } \varepsilon_t \sim IID(0,\sigma_m^2) \qquad (4.7)$$

利用 OX3.2（Doornik，2002）和 MSVAR1.31e（Krolzig，2003）软件得到三状态马尔科夫区制转移模型的状态依存均值估计结果，如表 4.3 所示。

由表 4.3 可以看出，三个状态的均值显著不同，说明在样本期间划分三状态是正确的，而且各滞后项的系数也非常显著。

各状态之间的转移概率矩阵的估计结果如下所示：

$$P = \begin{bmatrix} p_{11} & p_{12} & p_{13} \\ p_{21} & p_{22} & p_{23} \\ p_{31} & p_{32} & p_{33} \end{bmatrix} = \begin{bmatrix} 0.6197 & 0.3803 & 1.711e-008 \\ 0.0006536 & 0.9226 & 0.07671 \\ 0.1897 & 0.5157 & 0.2946 \end{bmatrix}$$

表 4.3　　三状态的参数估计结果

参数	估计值	T 值
状态依存均值估计结果		
ν_1	-43.1363	-5.8385
ν_2	8.0996	2.9387
ν_3	74.2385	5.7052
自回归系数估计结果		
θ_1	-0.7912	-5.7788
θ_2	-0.4082	-3.0839

为了检验并购周期的非对称性，我们的重点是进行以下检验。根据三状态马尔科夫区制转移模型的估计结果，我们得到：

1. 各状态的平均持续期（expected duration）的估计

表 4.4 给出了各个区制的样本个数、区制出现的概率和平均持续期，其中在同一区制的持续期 $D(S_i)$ 为：

$$D(S_i) = \frac{1}{1 - p_{ii}} \tag{4.8}$$

表 4.4　　三状态的持续期

状态	观察值个数	概率①	持续期
状态 1	4.5	0.1447	2.84
状态 2	22.1	0.7724	15.14
状态 3	2.4	0.0829	1.62

从表 4.4 中可以看出，状态 2 的平均持续期比其余两个状态都长，为 15.14，说明大部分并购数据都表现出较稳定的行为。比较状态 1 和状态 3 的持续期发现，并购活动的下降持续时间显然长于上升，因为状态 1 的平均持续时间为 2.84，状态 3 为 1.62。

① Ergodic Probability.

曾经有人认为并购浪潮类似于泡沫（bubbles），这是因为二者都存在许多数据高于序列基础值（fundamental）的现象。若为理性泡沫（rational bubble），序列回到基础值所用的时间通常会短于浪潮发生时所用的时间。然而，本部分的情况恰好相反，并购浪潮的开始比结束更加迅速。这一现象多少有点出乎意料，值得我们进一步研究。

2. 尖度（sharpness）、深度（deepness）、峭度（steepness）统计量的估计

接下来，我们给出检验并购周期非对称性各统计量的估计结果，如表4.5所示。

表4.5　**非对称性检验的统计量**

检验统计量	χ^2 估计值	伴随概率
尖度（sharpness）	χ^2（3）=478.0848	0.0000 **
深度（deepness）	χ^2（1）=0.3788	0.5383
峭度（steepness）	χ^2（1）=5.4689	0.0194 *

**、* 分别表示在1%、5%的显著性水平下显著（双尾检验）。

其中，尖度（sharpness）检验下的三个假说的检验结果如表4.6所示。

表4.6　**尖度（sharpness）检验中各假说的检验结果**

检验统计量	χ^2 估计值	伴随概率
$P_{13}=P_{31}$	χ^2（1）=478.0812	0.0000 **
$P_{12}=P_{32}$	χ^2（1）=0.0003	0.9867
$P_{21}=P_{23}$	χ^2（1）=0.0006	0.9807

** 表示在1%的显著性水平下显著（双尾检验）。

从表4.5、表4.6中可以看出，没有证据显示并购浪潮在开始和结束期间存在深度（deepness）上的差别，其统计量 χ^2（1）=0.3788，伴随

概率为 0.5383。但是在尖度（sharpness）和峭度（steepness）方面却存在显著不同。这说明，我国总体并购活动的峰和谷在本质上是不相同的，存在一个比较尖（sharp），而另一个比较圆（round）的现象。而且，在浪潮开始时总体并购活动上升较快，而在并购浪潮结束时，并购下降的速度相对较慢，属于陡升缓降型非对称并购周期。

3. 双区制（均值和方差）的估计结果

以上分析的马尔科夫区制转移模型都只是考虑了均值转移，如果我们同时考虑到均值转移和方差转移，则可以为我们提供进一步的信息。

根据季度并购交易笔数序列的差分序列，我们利用 OX 软件估计三状态的均值和方差都转移的区制转移模型，得到各状态的方差估计结果，如表 4.7 所示。

表 4.7　　三状态均值和方差的估计结果

状态	估计值
均值估计结果	
v_1	-52.8289
v_2	6.8005
v_3	108.0426
方差估计结果	
σ_1	23.339
σ_2	14.572
σ_3	38.669

以上估计结果都很显著。从表 4.7 中可以看出，各状态的方差显著不同，一方面，该结果在一定程度上印证了以上关于并购周期非对称性的检验结果；另一方面，说明并购周期三状态的波动程度也是非对称的：在并购浪潮开始时，并购上升期间的波动最为剧烈，方差达到 38.669，而在并购浪潮结束时，并购活动下降的波动程度次之，方差为 23.339，在正常时期，并购活动波动程度最小，方差为 14.572，这一结果符合我们的

预期。

第四节 并购周期状态之间的转移规律

状态之间的转移规律是并购周期的一个重要特征，对这一特征的了解有助于我们准确把握并购浪潮的发展，预测并购的趋势，从而由此判断宏观经济的发展方向。本部分关于并购周期状态转移规律的研究是借助于以上三状态马尔科夫区制转移模型中的转移概率矩阵，包括第三章中并购交易笔数原始序列的转移概率矩阵分析和本章前面估计所得的转移概率矩阵分析。

一 原始序列三状态的转移概率矩阵分析

第三章在检验并购浪潮假说时出于研究问题的考虑是对并购交易笔数原序列进行建模，从而其状态的划分是按照并购活动水平的不同来进行，这不同于本章三状态的含义，从而对其转移概率矩阵进行分析可以提供新的、有价值的信息。

根据第三章的马尔科夫转移概率矩阵估计结果：

$$\begin{bmatrix} 0.7881 & 0.2119 & 1.278e-0.07 \\ 8.497e-006 & 0.7453 & 0.2546 \\ 0.2458 & 0.4989 & 0.2553 \end{bmatrix}$$

由矩阵可知，各状态存在记忆性。大多数情况下，在同一状态之间的转移概率较大，如 $p_{11}=0.7881$、$p_{22}=0.7453$，唯一例外的是 $p_{33}=0.2553$，这说明当序列处于状态 3 时，并不稳定，将很快转移到状态 2 或状态 1；当序列某一刻处于状态 1 时，下一刻有 0.2119 的概率转移到状态 2，而转移到状态 3 的概率几乎为零；而当序列处于状态 2 时，下一刻如果不是继续保持状态 2，则很可能转移到状态 3，其概率为 0.2546，而转移到状态 1 的概率很小，接近于零。当序列从状态 3 转移时，最可能转移到状态 2，其概率为 0.4989，而转移到状态 1 的概率相对较小，为 0.2458。

二　差分序列三状态的转移概率矩阵分析

本章前面所用的三状态马尔科夫区制转移模型是为了检验并购周期序列的非对称性而建立，其三状态的划分与根据并购活动水平的划分有所不同，从而包含不同的信息。根据模型的估计结果，我们得到状态之间转移概率矩阵为：

$$\begin{bmatrix} 0.6197 & 0.3803 & 1.711e-0.08 \\ 0.0006536 & 0.9226 & 0.07671 \\ 0.1897 & 0.5157 & 0.2946 \end{bmatrix}$$

由转移概率矩阵可知，某一时刻并购序列处于状态 1 情况下，下一时刻仍停留在状态 1 的可能性最大，其转移概率为 0.6197，其转移到状态 2 的概率为 0.3803。几乎没有机会从状态 1 直接进入状态 3，因为其转移概率接近 0。

状态 2 是我国并购序列最显著的状态，表示并购活动的正常水平，从前面的研究可知，大部分并购活动都处于这一状态；当某一时刻并购序列处于状态 2 时，其下一刻仍然在这一状态的概率为 0.9226，如果偏离了这一状态，则最可能的是进入状态 3，概率为 0.07671，而进入状态 1 的概率很小，几乎为零。而当某一时刻并购序列处于状态 3 时，下一刻仍然处于这一状态的可能性并不是很大，仅为 0.2946。而最可能是转移到状态 2，其概率达到 0.5157。

本 章 小 结

通过以上对我国并购活动时间序列基本特征、并购周期非对称性、并购周期状态之间的转移规律的研究，我们形成以下几方面的结论。

通过对我国总体并购活动的时间序列基本特征的分析，我们发现：

首先，我国上市公司并购活动总体规模较小，无法与西方发达国家相比，但 1998 年以来，总体并购活动发展速度非常快，远远高于西方国家，并远远高于每年的经济增长速度。

其次，并购活动虽然增长很快，但季度增长率波动较大，且近年来，我国并购活动的增长速度有逐季下滑的趋势。

再次，通过并购金额的季度增长率与并购交易笔数季度增长率的比较发现，我国单笔并购交易金额不断扩大，大企业间的联合趋势明显。

通过对并购周期的非对称性的检验，我们发现：

偏移度检验结果表明，我国并购序列周期成分是非对称的，而且属于陡升缓降型。同时检验统计量表明，我国并购序列概率分布具有较长的右边尾部。

本章三状态马尔科夫区制转移模型将并购序列划分为如下三个状态：状态 1 代表并购浪潮结束时并购序列急速下降；状态 2 代表处于上升和下降之间的稳定时期；状态 3 代表并购浪潮开始时并购序列的急速上升。平均持续期的估计结果表明，状态 2 的平均持续期比其余两个状态都长，说明大部分并购数据都表现出较稳定的行为。比较状态 1 和状态 3 的持续期发现，并购活动的下降持续时间显然长于上升，初步说明了并购周期具有非对称性，即并购浪潮的开始比结束更加迅速。

sharpness、deepness 和 steepness 检验结果表明，没有证据显示并购浪潮在开始和结束期间存在深度上的差别。但是在尖度和峭度方面却存在显著不同，这说明，我国总体并购活动的峰和谷在本质上是不同的，存在一个比较尖，而另一个比较圆的现象。检验结果再次证实了平均持续期检验的结论，即并购周期属于陡升缓降型非对称周期。

考虑到均值转移和方差转移的双区制模型显示，各状态的方差显著不同，说明并购序列三状态的波动程度也是非对称的：在并购浪潮开始时，并购上升期间的波动最为剧烈，而在并购浪潮结束时，并购活动下降的波动程度次之，在正常时期，并购波动程度最小。

在对并购周期状态之间转移规律的研究中，原始序列三状态转移概率矩阵表明，各状态存在记忆性，在大多数情况下，在同一状态徘徊的概率最大，唯一例外的是，当序列处于高状态时，并不稳定，将很快转移到别的状态。当序列处于中状态时，下一刻如果不是停留在该状态的话，则转移到高状态的可能性较大。差分序列三状态的转移概率矩阵表明，当某一时刻并购序列处于状态 2 时，其下一刻仍然在这一状态的概率最大，如果偏离这一状态，则最可能进入状态 3，而进入状态 1 的概率几乎为零。然而，当某一时刻并购序列处于状态 3 时，下一刻仍然处于这一状态的可能性并不是很大，而最可能是转移到状态 2。

最后，需要指出的是，有的经济学家认为，对于经济周期阶段性的划分和非对称性的形成，并不是源于经济周期本身的属性，而是由于采用的统计数据，特别是统计数据的阶段性和区域性导致的（Romer，1986）。因此本章在研究并购周期中得到的统计结论虽然已经注意到数据和方法的稳定性，但是还需要更为广泛的统计检验，这些需要对更多样本和更多的时间序列进行分析，才能弥补一些由于统计推断方法相对于数据灵敏性所造成的伪结论。

第五章

我国并购周期与经济周期的关联性研究

第三、四章的研究表明，我国总体并购活动的发展呈周期性，并购周期具有非对称性。为此，探寻我国总体并购浪潮或并购周期特征的成因便成为值得关注的领域，它对于了解我国总体并购活动的发展轨迹，掌握并购活动的发展规律，以及预测并购活动的发展都具有十分重要的意义。同时能够提供对并购活动深层次理解的新视角，能够为政府及微观主体提供有价值的信息，为国家宏观经济政策及微观主体经营战略的制定提供参考依据。正是鉴于此，本章对并购周期和经济周期的关联性进行深入研究。

第一节　问题的提出

西方发达国家的并购历史告诉我们，并购活动与经济周期呈现出一定的相关性，并购活动是顺周期的。过去的一个多世纪中，全球企业发生了五次并购浪潮，每次都表现出各自不同的特点，但无一例外的是每次并购浪潮都是与当时经济周期的变动相关联。

第一次并购浪潮的出现是源自美国南北战争之后的经济复苏。南北战争后直到1890年以前，劳动力的补充、技术的变迁、运输和通信手段的丰富、市场的融合等因素都为美国出现一个相对长的繁荣时期奠定了基础。但是在真正的繁荣到来之前，经济的扩张以及美国企业更加倾向于资本投入的特点，促进了并购浪潮的到来。钢铁、石油和铁路行业迅速铺开了收购战争。在第一次并购浪潮出现之后，美国实现了20世纪的第一次经济繁荣。

同样，美国在20世纪20年代中期的经济繁荣也是紧随着第二次并购高潮的兴起而实现的。第一次世界大战之后，美国经济经历了短期繁荣后出现了一个萧条期。美国政府大量的财政盈余使得以往政府赤字对于经济的刺激作用停了下来，同时美国的出口也急剧萎缩。但在此期间，包括汽车行业在内的新兴行业的吸引力却在增加，收购企业从成本上看更加合算。因此，尽管反托拉斯法限制了企业的横向并购活动，但通过收购上游或下游企业的新形式，并购活动席卷而来，并带动了美国经济滞后的繁荣。美国的工业产量在其后的十多年里增长了将近一倍。当然，这也伴随着股票市场价格的膨胀。不过由于这次并购浪潮之前的萧条期非常短暂，所以我们认为高涨的股市和强劲的工业发展引发了第二次并购浪潮。

第三次并购浪潮同第二次世界大战以后的经济繁荣也保持了同样的时间对应关系，只不过在这次并购浪潮中，经济的繁荣伴随着很多行业的崛起和另一些行业的衰落，从而混合并购的形式成为并购活动的主导，股票价格在这一时期同样出现了持续攀升。

第四次并购浪潮中的顺周期特征非常明显。这时期，美国企业的分化使得收购企业重新变得有利可图。内部人掌握了企业价值的低估状况，以未来现金流为保证的杠杆收购流行起来。这既得益于资本市场的创新和发展，又反过来刺激了市场价格的上涨。加上20世纪80年代对垄断的管制放松，美国经济伴随着并购浪潮进入到了膨胀期。

第五次并购浪潮的出现仍然是与整体经济的繁荣相一致的。随着20世纪80年代末冷战格局的缓和与终结，西方发达国家经济尽管时有波动，但整体上仍然保持了平稳增长的良好态势。经济上的繁荣，政治上的安全，一方面使企业发展保持较高的水平，另一方面也促进了股市的繁荣和跨国公司股票大幅攀升，公司资产升值，投资者对经济和公司前景普遍看好，预期效应提高使公司产生了大量的资金盈余。所以，此次并购浪潮仍然保持了同经济繁荣和股市膨胀相对应的特征。

可见，全球并购的兴起与衰退伴随着世界经济周期高峰与低谷的轮回而交替。随着前一次企业并购浪潮的结束，在经历一段经济萧条期后，积累了大量过剩生产能力的企业迫切需要开拓市场，进行同业整合或跨业经营，重新采取并购手段以达到提高企业效率的目的。T. C. 奥普勒与 J. F. 韦斯（Weston）等学者的研究成果表明，随着经济周期的变动，宏观经济变量的变化对企业并购活动也产生周期性变动。这种周期性变动分别体现于起步、增长、成熟与衰退四个阶段。可以说，并购浪潮中的起步、增长、成熟、衰退四个阶段，都是与经济的萧条、复苏、繁荣、衰退相对应的。

并购浪潮的起步阶段始于经济萧条期。在市场需求缺乏弹性、产品库存增加、股价严重低估的情况下，没有充分利用资本与一些生产能力过剩的企业以较低的价格达成并购协议，实现资产增值。

并购浪潮的增长阶段。这一阶段也正是经济扩张时期，主要特征是市场需求显著增加，资本市场日益活跃，失业率不断下降。这种良好的投资环境刺激了企业家的并购欲望，而股价的不断上升与风险资本增加也为并购活动提供了资金保证。

并购浪潮的成熟阶段。随着经济不断增长，经济活动逐渐达到极限，资本市场一片繁荣，股价高涨，企业投资由过去的适度扩张到积极投资，此时则表现出投资过热和大量负债投资的特征。这通常也意味着并购浪潮达到顶峰，过热的投资即将被投资热潮的急剧降温所代替。

并购浪潮的衰退阶段。这一时期的经济现象是市场需求显著下降，企业库存增加，股价节节下挫，投资者信心不足，失业率增加。尽管这一阶段因不景气而造成并购成本下降，并购活动依然频出，但总的投资环境已不容许企业家进行大规模的并购活动，理性投资和以内部扩张为主的战略占据上风。

另外，国外的实证研究结果也提供了支持证据，认为并购活动表现出与经济周期密切的相关性。马克汉姆（1955）计算出来的相关系数表明并购活动与这两者之间的相关系数都是显著的，但与股票价格的相关性更大一些。并购活动与工业产值之间相对较低的相关性，是由于尼尔森所发现的这两个时间序列在波动转折点方面的时滞而引起的（并购领先于工业产值五个月以上)。尼尔森(1959)研究了并购活动与经济周期的时滞关系。从1897年到1954年,大体上有14个经济周期与12个并购周期。在这12个并购周期中,有11个周期的转折点与经济周期的转折点存在精确的时间对应关系。没有出现相应的并购周期的两个经济周期(1911—1913,1921—1923),或者是时间太短,或者是幅度太小。经济周期中,1953—1954年的收缩过程也没有出现相应的并购收缩,而这次经济收缩也是60年代中最轻微的一次。Melicher等(1983)利用时间序列分析方法,分析了并购活动与工业活动经济周期的关系,他们使用的是联邦贸易委员会公布的自1947—1977年季度性并购数据,他们发现,并购活动比经济衰退领先一个季度,并且两者负相关。另外,C. J. Maule(1968)、Carl Eis(1970)也为并购周期与经济周期的关联性提供了证据。

国内学者在该方面的研究十分少见。王君华等(2004)利用典型相关分析研究了美国1989—2002年间跨国并购与经济周期的关联效应后发现,主要经济周期指标与主要并购指标在时间上具有较强的相关性。

本部分将采用周期转折点对照、相关系数分析和时间序列分析方法来研究我国并购周期与经济周期之间的关联性,并给出相关的理论解释。

第二节 经济周期的定义及分类

在考察我国经济周期波动、经济周期与并购周期的关联效应之前,有必要对经济周期的概念和分类作简单介绍,以便于对下文分析的理解。

一 经济周期的定义

经济周期最早是由Burns and Mitchell(1946)提出来的,他们在1946年出版的《衡量经济周期》一书中表述:“经济周期是在主要按商业企业来组织活动的国家的总体经济活动中所看到的一种波动。一个周期由几乎同时在许多经济活动中所发生的扩张、随之而来的同样普遍的衰退、收缩和与下一个周期的扩张阶段相连的复苏所组成。这种变化的顺序反复出现，但并不是定时的。经济周期的持续时间在一年以上到十年或十二年，它们不再分为具有接近自己的振幅的类似特征的更短周期。”该定义受到西方经济学界的公认，并被国民经济研究局——美国研究经济周期的权威机构，作为确定经济周期峰与谷的标准。简要地说，经济周期就是总体经济活动水平扩张和收缩有规律的交替过程。

西方经济学者对经济周期还有其他一些定义，《现代经济学词典》将经济周期定义为：“经济活动水平的一种波动（通常用国民收入来代表），它形成一种规律性的模式，即先是经济活动的扩张，随后是收缩，接着是进一步扩张。这类周期随着产量的长期趋势进程而出现。”[①]西方学者对经济周期的定义，还有一种比较流行的观点，以哈耶克为代表的经济学家认为：经济波动是对均衡状态的偏离，而经济周期就是这种偏离状态的反复出现。另外有些西方学者从统计分析的角度来定义，直接把经济周期定义为经济扩张和经济收缩反复交替出现。对经济周期中的“周期”的认识，我们不应该从自然科学的高度来作机械的理解。自然科学意义上的周期，包含两个特征，即等间隔性和重复性，而事实上每个经济周期的长度不可能完全相等，它只能大致在某个区间内上下波动，不能因为某个国家既定时间长度内若干个周期长度不一而否认经济周期的存在，显然经济周期不具有等间隔性特征。一般认为，周期是互相包含和叠加的，一次较长的周期可能包含几次较短的周期，一次特别长的周期可能包含许多较短的周期和数次较长的周期。

尽管对经济周期的定义表述存在着差异，但西方经济学界都认为经济周期具有以下几个特点：第一，经济周期是市场经济的必然产物和基本特征之一，即当经济由市场自发调节时，经济周期就是一种普遍现象，是不可避免的。第二，经济周期是总体经济的波动，它几乎覆盖所有的经济部门。其中必然是实际国民生产总值的波动，并由此而引起就业、物价水

---

① 戴维·W. 皮尔斯（David W. Pearce）主编：《现代经济学词典》，上海译文出版社 1988 年版，第 600 页。

平、利率和对外贸易等的波动。第三，经济周期在经济中反复出现，时间长短不一，具有随机性，经济活动的规模和增幅变动（上升或下降）的具体程度在每一个周期中是不完全相同的，在很大程度上是难以预测的。第四，经济周期存在两个重要的转折点：波峰（peak）和波谷（trough）。根据这两个转折点，一个经济周期可以划分为两个时期：扩张期和收缩期。

二　经济周期的阶段划分

西方经济学家一般把经济周期划分为四个阶段：繁荣、衰退、萧条和复苏。其中，繁荣和萧条是经济周期的两个主要阶段，衰退和复苏是两个过渡阶段或转折阶段。其中，衰退是周期波峰过去，经济开始向下滑坡。根据美国的情况，国内生产总值连续两季下降，即进入衰退时期。在衰退期间，需求萎缩，从而生产和就业下降。就业下降导致家庭收入减少，又导致需求进一步萎缩，利润也随之下降，企业经营困难。在繁荣时期经济情况看好时所进行的投资，现在已变得无利可图了，投资急剧降至最低水平。衰退情节严重时，大量生产能力闲置起来，磨损设备暂不需添补重置，就可应付生产的需要。萧条是经济周期接近低谷部分，其特点是劳动力失业率高，公众消费水平下降，企业生产能力大量闲置，存货积压，利润低甚至亏损，企业对前景缺乏信心，不愿冒新投资的风险。当复苏开始时，也就是已经到了周期的最低点，促使复苏的因素是多种多样的。例如大批机器经过多年磨损需要更换，存货减少需要补充，企业定单增加；就业、收入和消费支出都增加了，生产销售增加以后，利润随之增加。经济前景看好，投资的乐观主义代替了萧条时的悲观主义。由于需求增加，生产的顺利扩大基本上是由萧条时闲置的生产能力和解雇后又返回工厂的工人所完成的。繁荣是周期的波峰。在繁荣时期，现有生产设备业已充分利用。劳动力，特别是技术熟练劳动力已感缺乏，主要原材料也开始感到供应不足。由于这些原因，增产的困难越来越大。这时只有增加投资，扩大生产能力才能扩大产量，投资建设需要时间，生产的增加满足不了需求的增长，价格不断上涨，生产要素需求的急剧增长促使要素成本上升，但由于商品价格也同时上涨，企业生产仍有较为丰厚利润可图。由于经济前景看好，投资量可能超过现有销售水平。

一般而言，繁荣的最高点称为顶峰或波峰，也是由繁荣转向衰退的开始。萧条的最低点成为谷底或波谷，也是由萧条转向复苏的开始。这四个阶段可用图 5.1 来加以说明。

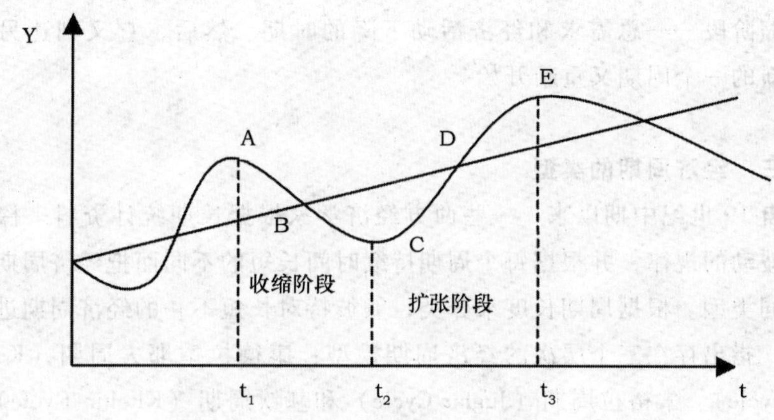

图 5.1　经济周期的不同阶段

在图 5.1 中，横轴代表时间（年份），纵轴为国民收入。A、E 为高潮转折点，即峰；C 为低潮转折点，即谷。A—B 为衰退阶段；B—C 为萧条阶段；C—D 为复苏阶段；D—E 为繁荣阶段。时间从 t_1 到 t_3，经济活动从一个峰 A 到另一个峰 E，经历了四个阶段，完成了一个周期。衰退与萧条虽然在性质上同属于收缩阶段，但其区别主要在于收缩的强度不同。从周期角度分析，前者是指持续大约一年的总体经济活动的温和收缩，后者则涉及剧烈收缩，或指持续比一年显然更长的收缩。复苏和繁荣也是如此。繁荣与萧条是经济周期的两个主要阶段，繁荣和萧条所指的标准是一样的，它们在性质上并没有什么不同，只是深浅程度不同。问题的关键并不在于要在萧条和繁荣之间划出一条清楚的界线，而在于寻找一个衡量的尺度。从极度萧条到高度繁荣，从严重失业到资源的充分利用，中间有许多层次，有了一个衡量尺度，对程度不同的萧条和繁荣，就能够加以计量。

经济周期还可以简单明了地分为两个大的阶段：扩张阶段和收缩阶段，或者两个阶段和两个转折点，即扩张、峰、收缩、谷。当经济总体从谷向峰运动时，称为经济扩张；当经济总体从峰向谷运动时，称为经济收缩。谷是整个经济周期的最低点，它将上升到扩张阶段——总需求和经济活动增长的时期，然后达到峰，即整个周期的最高点。最高点又逐渐让位于收缩阶段——总需求和经济活动下降的时期。然后，它又到达另一个谷，新的一个周期又重新开始。

三　经济周期的类型

自 19 世纪中期以来，一些西方经济学家根据长期统计资料来探讨周期性波动的规律，并根据每个周期持续时间长短的不同而把经济周期划分为不同类型。根据周期长度来分类，熊彼特对长短不一的经济周期进行了综合，指出存在三个层次的经济周期模型：康德拉季耶夫周期（Kondratieff Cycle）、朱格拉周期（Juglar Cycle）和基钦周期（Kitchin Cycle），即将经济周期分为长周期、中周期和短周期[①]。

长周期又叫长波，是指长度平均为 50 年左右的经济周期。这一划分是前苏联经济学家康德拉季耶夫于 1926 年发表的《经济生活中的长波》一文中提出的，故长周期还可称为康德拉季耶夫周期。

中周期又叫中波，是指长度平均为 8—10 年的经济周期。关于中周期的研究较早，1860 年，法国经济学家朱格拉在《论法国、英国和美国的商业危机及其发生周期》一书中系统地分析了这种周期，故中周期又叫朱格拉周期。

短周期又叫短波，是指长度平均约 40 个月的经济周期。短周期由美国经济学家基钦于 1923 年提出，所以短周期还叫基钦周期。

---

① 熊彼特：《经济变化分析》，载《现代经济学论文选》第 10 辑，商务印书馆 1986 年版，第 33—34 页。

需特别加以说明的是，熊波特在他的两卷本《经济周期》（1939年版）中对前三种经济周期作了高度综合与概括。他认为前三种周期尽管划分方法不一样，但并不矛盾。每个长周期中套有中周期，每个中周期中套有短周期，每个长周期包括6个中周期，每个中周期包括3个短周期。熊波特还把不同的技术创新与不同的周期联系起来，以三次重大创新为标志，划分了三个长周期：第一个周期，从18世纪初到1842年，是“产业革命时期”；第二个周期，从1842—1897年，是“蒸汽和钢铁时期”；第三个周期，1897年以后，是“电气，化学和汽车时期”。

除了长周期、中周期和短周期外，还有著名的库兹涅茨周期（Kuznets Cycle）。西蒙·库兹涅茨（Simon Kuznets）于1930年出版的《生产和价格的长期变动》一书中分析了平均长度为20年的长波，这也是一种长周期，通常称为“库兹涅茨周期”。这种波动在美国的许多经济活动中，尤其是在建筑业中表现得特别明显，所以库兹涅茨周期又被称为“建筑业周期”。第二次世界大战之后，库兹涅茨的长波理论日益受到西方经济学界的重视。

此外，西方学者还按照经济周期的特点和性质，将它分为古典周期和增长周期。有时又称为传统周期和现代周期。增长周期是指国民经济活动的相对水平有规律地出现上升和下降的交替和循环，即使在经济的收缩阶段，国民生产总值也不会出现绝对量的下降，而仅仅发生增长率的减慢或减速。与增长周期相对应，古典周期是指国民经济活动的绝对水平有规律性地出现上升与下降的交替和循环。在周期的扩张阶段，国民生产总值表现为正增长，在收缩阶段，国民生产总值出现绝对量的下降，表现为负增长。

第三节 周期类型、指标及研究方法的选择

由于我国20世纪90年代以来的第九轮经济周期属于现代增长周期，所以本部分将以我国近年来的增长周期为研究内容。对于增长周期可以按两种方法进行研究，其一是阶梯周期分析方法，其二是离差周期分析

方法。

阶梯周期是指经济增长速度的周期波动，是最基本意义上的增长周期。在处理方法上，它是把各经济活动水平指标的各期数值同前一期或前若干期的指标数值进行对比所得到的速度指标在时间上的波动来描述增长周期波动。

离差周期是指各经济活动水平指标的数值对其趋势值的相对偏离程度在时间上的周期波动。在指标的处理方法上，它要求：（1）消除序列的季节波动（研究阶梯周期也有这一步骤）；（2）求出序列在各期的趋势值；（3）求相对数｛（1）/（2）｝，并对所得相对数进行平滑处理（平滑过程阶梯周期也不能免）。

如果对同一组资料同时采用这两种方法来研究，会发现这两者的测量结果是有差别的。主要差别是：（1）序列周期转折点在出现的时间上不同，在离差周期处于峰和谷的时候，阶梯周期总是处于平均增长率上。离差周期处于由复苏走向高涨的转折点处时，阶梯周期处于峰，离差周期处于收缩走向萧条的转折点处时，阶梯周期处于谷。（2）两种方法反映周期波动的敏感性不一样。阶梯周期比离差周期敏感。

阶梯周期分析中，有的以序列的各期值与前一期对比，以月距发展速度的波动来反映周期波动。有的则是以每月值同前 3 个月、6 个月、12 个月的数值进行对比得出的季距、半年距或年距发展速度的波动来反映周期波动。在此，我们采用阶梯周期分析中的月距发展速度来反映 1998—2005 年间的周期波动。

借鉴我国学者对经济周期的研究，本书采用 GDP 指标来反映经济周期状况。这一点与国外在研究经济周期和并购周期的关系时所采用的指标（工业产值）有所不同，但不影响要说明的问题。

第四节　我国并购周期与经济周期关联性的实证研究

在简单介绍经济周期的基本概念之后，本节转而研究并购周期与经济周期之间的关联性，这是本章研究的重点。由于数据方面的原因，我们分为1998年以前和1998—2005年两个时间段分别研究，首先给出我国总体并购活动的波动状况分析结果。

一　我国总体并购活动季度波动状况

由于数据搜集的困难，本部分对1998年以前的并购波动状况，及其与经济周期的关系只作简单描述。而对1998年以后的状况则进行较严格的计量经济分析。

1. 1998年以前并购活动波动情况的简单描述[①]

改革开放以来，随着社会主义市场经济制度的确立，企业并购开始活跃起来，短短的10多年来，我国的企业并购已经历了两次浪潮。第一次企业并购浪潮始于1984年，在这一年，河北省保定市共有4户亏损企业被并入优势企业。从此，武汉、北京、成都等地也先后出现企业并购，到1989年形成一个高潮。据有关部门统计，这一年，全国有2559家企业被并购，共转移资产超过20亿元，减少亏损企业1204家。而在整个80年代，全国共有6966家企业被并购，转移资产82.25亿元，减少亏损企业4095家。第二次企业并购浪潮是在1992年以后，随着社会主义市场经济的飞速发展而形成的。仅1993年，就有2900多家企业被并购，成交额达60多亿元，并且在全国建立了16个产权交易中心。到90年代末，随着中国资本市场的发展，企业的并购活动更加活跃，且规模空前。

2. 1998年以后并购波动状况

在本部分的分析中，采用的是并购交易笔数的季度数据[②]，为了排除季节性因素的影响，对数据进行了X12季节调整，调整后的数据见图5.2。

① 由于我国上市公司并购活动是从1997年开始活跃，所以这一时期的并购活动主要发生在非上市公司间。

② 1998—2001年数据来源于国泰安数据库；2002—2005年季度数据是根据全球并购研究中心的月度数据累加所得，下同。

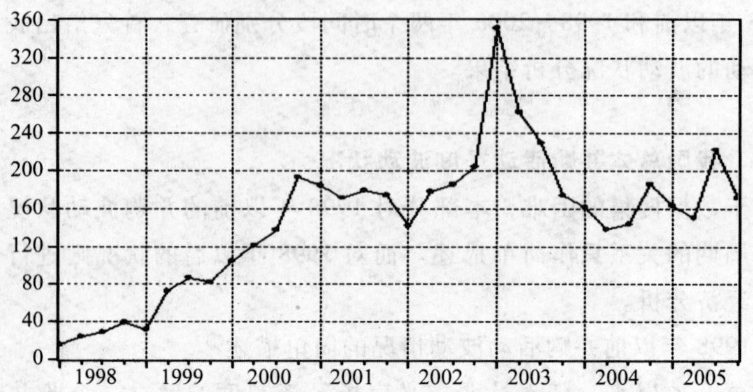

图 5.2　我国 1998—2005 年并购交易笔数的季节波动

从图 5.2 中可以看出，我国总体并购活动存在周期性，表现出明显的扩张和收缩交替过程。而且，随着时间的推移，波动变得相对频繁。在 1998—2005 年间，总体并购活动大约存在四个“周期”，分别为：1998 年初至 2001 年末、2002 年初至 2004 年一季度、2004 年一季度至 2005 年二季度①，2005 年二季度至今属于另一个小“周期”。

二　我国并购周期与经济周期的关联性研究

1. 1998 年以前的关联性分析

在我国并购活动经历两次并购浪潮的同时，该期间中国宏观经济经历了三个周期，如表 5.1 所示。

对照 1998 年以前中国企业并购的两次浪潮发现，并购活动与经济周期的关联性很弱，或者两者之间似乎没有联系，西方特别是美国企业并购与经济周期的正相关联系的结论在我国这一阶段并不成立。比如，在 1989年，GDP增长率从1988年的 11.3% 下降到 4.1%，经济处于收缩中，

① 这能否算作独立的周期还有待商榷，但由于本书分析的重点是并购周期和经济周期的关联性，所以忽略该问题的探讨。

表 5.1　　1998 年以前我国宏观经济的波动状况

周期次数	谷	峰	谷	扩张（月）	收缩（月）	循环长度（月）
1	—	73.8	—	—	10	—
2	74.6	75.7	76.11	13	16	29
3	76.11	77.12	78.11	13	11	24
4	78.11	79.12	80.11	13	11	24
5	80.11	82.1	82.12	14	11	25
6	82.12	85.3	86.4	27	13	40
7	86.4	88.8	90.2	30	16	46
8	90.2	93.5	96.3	41	32	73

但当年企业并购却是 80 年代最活跃的。1997 年后，中国经济增长放缓，从 1993 年的 14%多下降到 2001 年 8%左右，但企业并购却更加频繁。同样，在这期间的几次经济高涨时期，并购活动寥寥无几。

2. 1998 年以后的关联性分析①

到目前为止，国外文献检验并购周期和经济周期的关联效应中所用的方法包括转折点对照、相关系数分析、时间序列分析以及 Fechner-Weber 指数分析。然而，Fechner-Weber 指数在两个序列存在同样的周期性，但其中一个序列领先于另一个序列时，其数值并不能真实地刻画两个序列的周期关联性②。所以本节将采用转折点对照、相关系数和时间序列分析来检验并购周期与经济周期的关系。

（1）转折点对照

转折点对照方法，顾名思义，就是对照两个序列周期中峰和谷是否同时出现，若同时出现，则说明两个序列密切相关。同时，还应考虑到序列间的领先或滞后关系。通过对并购周期与经济周期的分析，将其转折点列示如表 5.2。

从表5.2中可以看出，在1998—2005年间，并购活动发生了 4 个小“周

① 为了与并购周期进行比较，在此部分我们采用 GDP 增长率的季度数据，样本期间为 1998—2005 年。

② Carl Eis，“A Note on Merger and the Business Cycle：Comment”，*The Journal of Industrial Economics*，Vol. 19，No. 1（Nov.，1970），pp. 89—92.

表 5.2　　并购周期与经济周期的转折点

并购周期的转折点		经济周期的转折点	
峰	谷	峰	谷
2000 年三季度	2001 年四季度	1998 年二季度	1998 年四季度
2002 年四季度	2004 年一季度	1999 年四季度	2000 年三季度
2004 年三季度	2005 年一季度	2001 年一季度	2001 年三季度
2005 年三季度		2002 年一季度	2002 年三季度
		2003 年三季度	2004 年一季度
		2004 年三季度	

期”，而宏观经济存在 6 个小“周期”，在没有出现并购周期的经济周期里，并购活动并不活跃，交易处于较低的水平，且这期间经济周期波动也相对较弱。随着我国并购市场的完善，在出现经济周期的时间内，一般也会出现并购周期；转折点对照结果表明，并购周期与经济周期的转折点有重合的现象，如 2004 年三季度的峰和 2004 年一季度的谷。其余的转折点虽然没有精确的时间对照关系，但并购序列转折点较有规律地领先于经济周期的转折点，即并购活动的高峰大约领先于参考经济周期的高峰 3—4 个季度。这一点从图 5.3 中能得到更好的体现。

由此可见，我国并购周期与经济周期之间的关联性有了很大的提高，两者具有较密切的关系。

（2）相关系数分析

转折点对照只是为我们提供了直观的感觉，对于并购周期与经济周期的关系的分析还需借助于相关系数（简单相关系数）分析，这是两者相关性的更严格的度量。

简单相关系数又称皮尔逊相关系数，它描述了两个变量或序列间联系的紧密程度。样本的简单相关系数一般用 r 表示，计算公式为：

$$r=\frac{\sum_{i=1}^{n}(X_i-\overline{X})(Y_i-\overline{Y})}{\sqrt{\sum_{i=1}^{n}(X_i-\overline{X})^2}\sqrt{\sum_{i=1}^{n}(Y_i-\overline{Y})^2}} \tag{5.1}$$

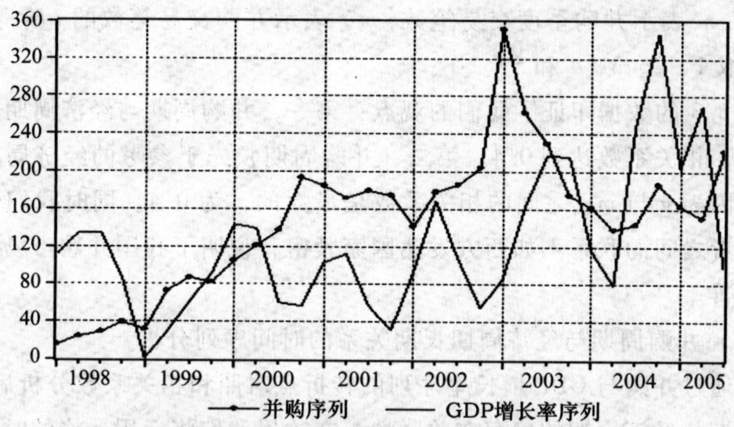

图 5.3　并购序列波动与经济周期波动的对比关系①

其中，X_i 表示序列 X 的第 i 个样本值，Y_i 表示序列 Y 的第 i 个样本值；$\overline{X}$、$\overline{Y}$ 表示样本均值，n 表示样本容量。

本部分利用 eviews5.0 计算得到并购序列和 GDP 增长率序列之间的相关系数如表 5.3 所示（假设 g 表示经济增长率，g_{-t} 表示经济增长率的 t 阶

表 5.3　**并购周期与经济周期相关系数表**

并购 增长率	m	m_{-1}	m_{-2}	m_{-3}	m_{-4}	m_{-5}
g	0.189	0.203	0.360	0.365	0.4	0.358
g_{-1}	0.107	——	——	——	——	——
g_{-2}	-0.001	——	——	——	——	——
g_{-3}	-0.04	——	——	——	——	——
g_{-4}	0.03	——	——	——	——	——

①　需要说明的是，为了使两个序列在同一张图中易于比较，我们将 GDP 季度增长率数据扩大了 50 倍。

滞后项；m 表示并购季度交易笔数，m_{-t} 表示并购交易笔数的 t 阶滞后项，这里 t 取 1、2、3、4 和 5)。

表 5.3 的数据印证了我们的观点：第一，并购周期与经济周期具有正相关性，相关系数达到 0.4。第二，并购周期领先于参考的经济周期 4 个季度，因为 g 与 m_{-4} 之间的相关系数是最大的，为 0.4。同时我们也应看到，两者之间的联系不如西方发达国家紧密，说明了我国并购市场需要进一步完善。

(3) 并购周期与经济周期长期关系的时间序列分析

在通过并购与 GDP 增长率序列的转折点对照和相关系数分析后发现，并购周期与经济周期的确存在关联性。在这里我们将运用严格的时间序列分析方法对两个序列的长期关系进行检验，从而为并购周期与经济周期之间的关联性提供进一步的佐证。

在经济领域内，以往的建模技术存在着动态的稳定性假设，而实际上，经济时间序列通常都是非平稳的，基于一个稳定模型而使用非稳定时间序列数据建模，体现了以往建模技术在经济领域应用的局限性。而 Granger (1981) 提出的协整 (Cointegration) 技术正好弥补了这一稳定假设的不足。协整是描述时间序列之间长期关系的一种统计性质。检验变量间是否具有协整关系之前，首先要检验数据的平稳性①。

1) 并购序列与 GDP 增长率序列的单位根检验

平稳性的常用检验方法是图示法与单位根检验法。图示法即对所选各个时间序列变量及其一阶差分作时序图，如图 5.4、图 5.5 所示。

从图中可以看到，各个变量的时序图均表现出明显的非平稳性，而经过一阶差分后均表现出平稳性的特征。

我们再经过单位根检验来确定各个非平稳变量的单整阶数。单位根检验方法很多，一般有 DF、ADF 检验和 Philips 的非参数检验 (PP 检验)。其

① 广义地说，如果一个随机过程的均值和方差在时间过程上都是常数，并且在任何两时期之间的协方差仅依赖于该两时期间的距离或滞后，而不依赖于计算这个协方差的实际时间，就称其为平稳。如果一个原始序列平稳，我们称之为 I (0) 过程。如果一个原始时间序列不平稳，而经过一阶差分变成平稳的，我们就说原始 (随机) 序列是一阶单整，简称 I (1)。

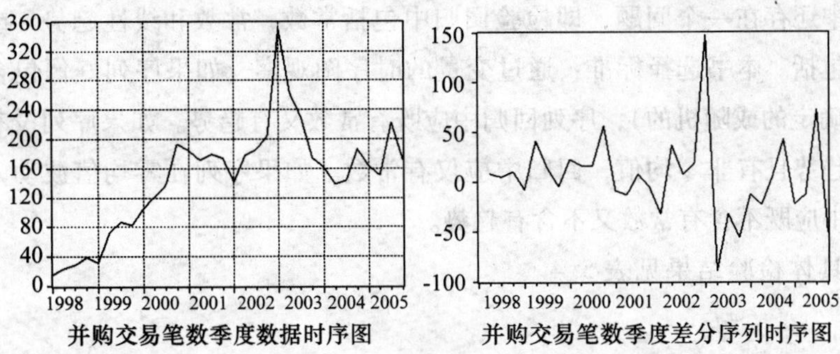

图 5.4　并购交易笔数季度数据与差分序列时序图

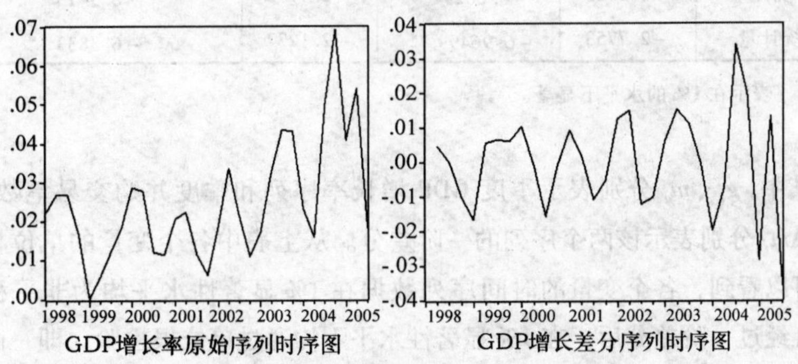

图 5.5　GDP 增长率原始序列与差分序列时序图

中 Engle-Granger 的基于残差的 ADF 检验是最常用的检验方法，检验原理为：通过假定时间序列是一个 P 阶自回归过程，增加一个滞后的差分项来解决误差项 ε_t 的高阶序列相关问题，即检验方程：

$$\Delta y_t = \alpha + \beta t + (r-1)y_{t-1} + \sum_{j=1}^{p} \delta_j \Delta y_{t-j} + \varepsilon_t \tag{5.2}$$

α,β,r,δ_j 为参数，ε_t 为随机误差项，是服从独立同分布的白噪声过程，原假设 H_0 是 $r=1$，此时 y_t 有一个单位根，即是非平稳的。t 为趋势因素。本章采用麦金农（Mackinnon）临界值。ADF 检验中 Δy_{t-j} 的最优滞后期 p 是在保证残差项不相关的前提下，同时采用 AIC 准则与 SC 准则来确定的。在 ADF

检验中还存在一个问题，即检验回归中包括常数，常数和线性趋势，或二者都不包括。本书选择标准：通过变量的时序图观察，如果序列好像包含有趋势（确定的或随机的），序列回归中应既有常数又有趋势。如果序列没有表现任何趋势且有非零均值，回归中应仅有常数。如果序列在零均值波动，检验回归中应既不含有常数又不含有趋势。

具体检验结果见表5.4。

表5.4 **变量单位根检验结果**

序列名	g_t	Δg_t	m_t	Δm_t
ADF统计量	-0.1583	-8.6829 **	-2.1772	-6.3415 **
PP统计量	-2.7753	-6.96499 **	-2.1237	-6.3833 **

** 表示在1%的水平下显著。

其中，g_t、m_t 分别表示季度GDP增长率序列和季度并购交易笔数序列，Δg_t、Δm_t 分别表示该两个序列的一阶差分。从上表中各个变量的单位根检验结果可以看到，各个变量的时间序列数据在1%显著性水平均为非平稳的序列，且经过一阶差分后，在1%显著性水平下均通过单位根检验，即一阶差分后在1%显著性水平下均为平稳序列，因此，通过检验可判断各个变量均为一阶单整I（1）过程。下面将对两个变量之间的协整关系进行检验。

2）并购序列与GDP增长率序列长期关系的协整检验

协整刻画了两个或多个序列之间的均衡或平稳关系①。对于一个序列单独来说可能是非平稳的，这些序列的矩（均值、方差和协方差）随时间而变化，而这些时间序列的线性组合序列却可能有不随时间变化的性质。Engle和Granger（1987）指出两个或多个非平稳时间序列的线性组合可能是平稳的。假如这样一种平稳的线性组合存在，这些非平稳（有单位根）时间序列之间被认为具有协整关系，则协整定义为：

① 这里的均衡或平稳关系主要是指：变量间在长期上存在稳定的线性关系，而短期上这些变量有可能偏离均值，但是这种偏离是暂时的，会随着时间推移向均衡回归。

如果 k 维向量 $y_t = (y_{1t}, y_{2t}, \cdots, y_{kt})'$ 满足：

(1) $y_t \sim I(d)$，即要求 y 的每个分量满足 $y_{it} \sim I(d)$；

(2) 存在非零列向量 β，使得 $\beta' y_t \sim I(d-b)$，$0 < b \leqslant d$。

则 k 维向量 $y_t = (y_{1t}, y_{2t}, \cdots, y_{kt})'$ 的分量间被称为 d，b 阶协整，记为：$y_t \sim CI(d,b)$，向量 β 被称为协整向量。

值得注意的是：第一，作为对非平稳向量之间关系的描述，协整向量不是唯一的；第二，协整向量必须具有相同的单整阶数；第三，k 维向量 $y_t = (y_{1t}, y_{2t}, \cdots, y_{kt})'$ 的分量间最多可能存在 $k-1$ 个线性无关的协整向量；第四，协整向量之间具有相同的趋势成分，在数量上成比例。

关于协整关系的检验与估计目前有许多具体的技术模型，如 EG 两步法、Johansen 极大似然法、Gregory，Hansan（1996）法、自回归分布滞后模型（ARDL）方法、频域非参数谱回归法、Bayes 方法等。Engle 和 Granger 建议使用两阶段回归法解决时间序列的非平稳性，由于此方法易于计算，因而早期被广泛采用，但其缺点是在小样本下，参数估计的误差较大，并且当变量超过两个以上时，变量间可能存在多个协整关系，此方法无法找到所有可能的协整向量，其分析结果不易解释。Johansen（1988）针对上述问题提出极大似然估计法（MLE），Gonzalo 利用模拟分析所获得结果显示，Johansen 检验优于 Engle 和 Granger 的方法。其方法的原理为：

首先，EG 检验（Engle 和 Granger 两步检验法）。

为了检验两组变量 y_{1t} 和 $y_{2t}, y_{3t}, \cdots, y_{kt}$ 之间是否协整，Engle 和 Granger（1987）提出了两步检验法，称为 EG 检验。这种协整检验方法对回归方程残差进行单位根检验。从协整理论的思想来看，如果自变量和因变量之间存在协整关系，那么意味着因变量能够被自变量的线性组合所解释，两者之间存在稳定的均衡关系，而因变量不能被自变量所解释的部分构成一个残差序列，这个残差序列应该是平稳的。因此，检验一组变量（因变量和解释变量）之间是否存在协整关系等价于检验回归方程残差序列是否为一个平稳序列。

主要检验步骤如下：

（1）若 k 个序列 y_{1t} 和 $y_{2t},y_{3t},\cdots,y_{kt}$ 都是一阶单整序列，为了检验这两组序列间的协整关系，首先建立如下的回归方程：

$$y_{1t} = \beta_1 + \beta_2 y_{2t} + \beta_3 y_{3t} + \cdots + \beta_k y_{kt} + u_t,\ t = 1,2,\cdots,T \tag{5.3}$$

对上式进行估计，得到的残差估计序列为：

$$\hat{u}_t = y_{1t} - \hat{\beta}_1 - \hat{\beta}_2 y_{2t} - \hat{\beta}_3 y_{3t} - \cdots - \hat{\beta}_k y_{kt} \tag{5.4}$$

（2）检验残差序列 $\hat{u}_t$ 是否平稳，即检验序列 $\hat{u}_t$ 是否含有单位根。如果残差序列是平稳的，则可以确定回归方程中 k 个变量（$y_{1t},y_{2t},y_{3t},\cdots,y_{kt}$）之间存在协整关系，并且协整向量 β 为（$\hat{\beta}_1,\hat{\beta}_2,\hat{\beta}_3,\cdots,\hat{\beta}_k$）；否则（$y_{1t},y_{2t},y_{3t},\cdots,y_{kt}$）之间不存在协整关系。

其次，Johansen 协整检验①。

其检验的基本原理如下：

EG 协整检验主要是针对单方程而言，检验是基于回归残差序列进行的。Johansen 和 Juselius（1988，1990）提出了一种以向量自回归模型（Vectors Auto Regressive Model，VAR）为基础的回归系数协整关系检验方法，能够较好地进行多变量间的协整关系检验，即 Johansen 协整检验，有时也称为 JJ（Johansen-Juselius）检验。

对于 k 维向量 y_t 最多可能存在 $k-1$ 个线性无关的协整向量，为了讨论方便，考虑最简单的二维情形，不妨记 $y_t = (y_{1t},y_{2t})'$（$t = 1,2,\cdots,T$），其中 y_{1t} 和 y_{2t} 都是 $I(1)$ 时间序列。若存在 c_1，使得（$y_{1t} - c_1 y_{2t}$）$\sim I(0)$，同时存在 c_2，也使得（$y_{1t} - c_2 y_{2t}$）$\sim I(0)$，那么：

$$(y_{1t} - c_1 y_{2t}) - (y_{1t} - c_2 y_{2t}) = (c_2 - c_1) y_{2t} \sim I(0) \tag{5.5}$$

由于 $y_{2t} \sim I(1)$，所以只能有 $c_1 = c_2$，可见 y_{1t} 和 y_{2t} 协整时，协整向量 $\beta = (1, -c_1)$ 是唯一的。一般的，设由 y_t 的协整向量组成的矩阵为 A，则矩阵 A 的秩为 $r = r(A)$，那么 $0 \leqslant r \leqslant k-1$。

---

① 主要参考 Johansen，Soren and Katarina Juselius（1990），“Maximum Likelihood Estimation and Inferences on Cointegration with Applications to the Demand for Money”，*Oxford Bulletin of Economics and Statistics*，52：169—210. Johansen and Soren（1991），“Estimation and Hypothesis Testing of Cointegration Vectors in Gaussian Vector Autoregressive Models”，*Econometrica*，59：1551—1580. Johansen and Soren（1995），*Likelihood - based Inference in Cointegrated Vector Autoregressive Models*，Oxford：Oxford University Press。高铁梅主编：《计量经济分析方法与建模——Eviews 应用及实例》，清华大学出版社 2006 年版。李子奈：《计量经济学》，高等教育出版社 2000 年版。

下面将上述讨论扩展到多指标的情形，介绍 JJ 检验的基本思想。首先建立一个 VAR (p) 模型：

$$y_t = A_1 y_{t-1} + \cdots + A_p y_{t-p} + Bx_t + \varepsilon_t \text{ , } t = 1,2,\cdots,T \tag{5.6}$$

其中 $y_t = (y_{1t}, y_{2t}, \cdots, y_{kt})'$ 是非平稳的 $I(1)$ 向量，即要求 $y_{1t}, y_{2t}, \cdots, y_{kt}$ 都是非平稳 $I(1)$ 变量；x_t 是一个确定的 d 维的外生向量，代表趋势项、常数项等确定性项；ε_t 是 k 维扰动向量。将（5.5）经过差分变换以后，可得：

$$\Delta y_t = \Pi y_{t-1} + \sum_{i=1}^{p-1} \Gamma_i \Delta y_{t-i} + Bx_t + \varepsilon_t \tag{5.7}$$

其中：

$$\Pi = \sum_{i=1}^{p} A_i - I \text{ , } \Gamma_i = - \sum_{j=i+1}^{p} A_j \tag{5.8}$$

由于 $I(1)$ 过程经过差分变换将变成 $I(0)$ 过程，即（5.7）中的 Δy_t，Δy_{t-i}（$i = 1,2,\cdots,p-1$）都是由 $I(0)$ 变量构成的向量，即 $y_{1,t-1}, y_{2,t-1}, \cdots, y_{k,t-1}$ 之间具有协整关系，就能保证 Δy_t 是平稳过程。因此，变量 $y_{1,t-1}, y_{2,t-1}, \cdots, y_{k,t-1}$ 之间是否具有协整关系主要依赖于矩阵 Π 的秩。设 Π 的秩为 r，则存在三种情况：$r = k$，$r = 0$，$0 < r < k$：

① 如果 $r = k$，显然只有当 $y_{1,t-1}, y_{2,t-1}, \cdots, y_{k,t-1}$ 都是 $I(0)$ 变量时，才能保证 Πy_{t-1} 是 $I(0)$ 变量构成的向量，而这与已知的 y_t 为 $I(1)$ 过程相矛盾，所以必然有 $r < k$。

② 如果 $r = 0$，意味着 $\Pi = 0$，因此（5.7）仅仅是个差分方程，各项都是 $I(0)$ 变量，不需要讨论 $y_{1,t-1}, y_{2,t-1}, \cdots, y_{k,t-1}$ 之间是否具有协整关系。

③ 下面讨论 $0 < r < k$ 的情形：

$0 < r < k$ 表示存在 r 个协整组合，其余 $k - r$ 个组合仍为 $I(1)$ 关系。在这种情况下，Π 可以分解成两个 $k \times r$ 阶矩阵 α 和 β 的乘积：

$$\Pi = \alpha\beta' \tag{5.9}$$

其中：$r(\alpha) = r$，$r(\beta) = r$，将（5.9）代入（5.7），得到：

$$\Delta y_t = \alpha\beta' y_{t-1} + \sum_{i=1}^{p-1} \Gamma_i \Delta y_{t-i} + Bx_t + \varepsilon_t \tag{5.10}$$

上式要求 $\beta' y_{t-1}$ 为一个 $I(0)$ 向量，其每一行都是 $I(0)$ 组合变量，即 β 的每一行所表示的 $y_{1,t-1}, y_{2,t-1}, \cdots, y_{k,t-1}$ 的线性组合都是一种协整形式，所以矩阵 β 决定了 $y_{1,t-1}, y_{2,t-1}, \cdots, y_{k,t-1}$ 之间协整向量的个数与形式，因此 β' 称为协整向量矩阵，r 为协整向量的个数。

矩阵 α 的每一行 α_i 是出现在第 i 个方程中的 r 个协整组合的一组权重，故称为调整参数矩阵，而且 α 和 β 并不是唯一的，因为对于任何非奇异 $r \times r$ 矩阵 H，$\alpha H(H^{-1}\beta')$ 都等于 $\alpha\beta'$，即 Π。

将 y_t 的协整检验变成对矩阵 Π 的分析问题，这就是 Johansen 协整检验的基本原理。因为矩阵 Π 的秩等于它的非零特征根的个数，因此可以通过对非零特征根个数的检验来检验协整关系和协整向量的秩。

通常来讲，与单变量时间序列可能出现均值非零、包含确定性趋势或随机趋势一样，协整方程也可以包含截距和确定性趋势。由（5.7）式假设方程可能会出现如下五种形式（Johansen，1995）：

（1）序列 y_t 没有确定趋势，协整方程没有截距项：

$$\Pi y_{t-1} + Bx_t = \alpha\beta' y_{t-1} \tag{5.11}$$

（2）序列 y_t 没有确定趋势，协整方程有截距项 ρ_0：

$$\Pi y_{t-1} + Bx_t = \alpha(\beta' y_{t-1} + \rho_0) \tag{5.12}$$

（3）序列 y_t 有确定性线性趋势 $\alpha_\perp \gamma_0$，但协整方程只有截距：

$$\Pi y_{t-1} + Bx_t = \alpha(\beta' y_{t-1} + \rho_0) + \alpha_\perp \gamma_0 \tag{5.13}$$

（4）序列 y_t 和协整方程都有线性趋势，协整方程的线性趋势为 $\rho_1 t$：

$$\Pi y_{t-1} + Bx_t = \alpha(\beta' y_{t-1} + \rho_0 + \rho_1 t) + \alpha_\perp \gamma_0 \tag{5.14}$$

（5）序列 y_t 有二次趋势 $\alpha_\perp(\gamma_0 + \gamma_1 t)$，协整方程仅有线性趋势：

$$\Pi y_{t-1} + Bx_t = \alpha(\beta' y_{t-1} + \rho_0 + \rho_1 t) + \alpha_\perp(\gamma_0 + \gamma_1 t) \tag{5.15}$$

其中：$\alpha_\perp$ 是 $k \times (k-r)$ 矩阵，它被称为 α 的正交互余矩阵（Orthogonal Complement）①，$\alpha_\perp$ 满足：$\alpha'\alpha_\perp = 0$，且 $r(\alpha \mid \alpha_\perp) = k$。与 $\alpha_\perp$ 有关的项是协整关系的外部确定项，当确定项同时出现在协整关系的内部和外

① ［英］特伦斯·C. 米尔斯著，俞卓青译：《金融时间序列的经济计量学模型》（第二版），经济科学出版社 2002 年版，第 267—308 页。

部时，Π 的分解不是唯一可识别的。Johansen（1995）指出可将属于误差修正项内的那部分外生项正交地投影于 α 空间上，所以 $\alpha_{\perp}$ 是 α 的零空间，即 $\alpha'\alpha_{\perp}=0$。

Johansen 协整检验具体检验方法有特征根迹检验（trace 检验）和最大特征根检验（Maximum Eigenvalue 检验）两种。

第一，特征根迹检验（trace 检验）。

设矩阵 Π 的特征根为 $\lambda_1>\lambda_2>\cdots>\lambda_k$，由 r 个最大特征根可以得到 r 个协整向量，而对于其余 $k-r$ 个非协整组合来说，$\lambda_{r+1},\cdots>\lambda_k$ 应该为 0，于是可得到特征根迹检验的原假设和备择假设为：

$H_{r0}:\lambda_r>0\ ,\ \lambda_{r+1}=0$

$H_{r1}:\lambda_{r+1}>0\ ,\ r=0,1,\cdots,k-1$

相应的检验统计量为：

$$\eta_r=-T\sum_{i=r+1}^{n}\log(1-\lambda_i)\ ,\ r=0,1,\cdots,k-1 \tag{5.16}$$

η_r 称为特征根迹统计量。依次检验这一系列统计量的显著性：

（1）当 η_0 不显著时（即 η_0 值小于某一显著性水平下的 Johansen 分布临界值），接受 H_{00}（$r=0$），表明有 k 个单位根，0 个协整向量（即不存在协整关系）。当 η_0 显著时，拒绝 H_{00}，则表明至少有一个协整向量，必须接着检验 η_1 的显著性。

（2）当 η_1 不显著时，接受 H_{10}，表明只有 1 个协整向量，依次进行下去，直到接受 H_{r0}，说明存在 r 个协整向量。这 r 个协整向量就是对应于最大的 r 个特征根的经过正规化的特征向量。检验的过程可归纳为如下的序贯过程：

$\eta_1<$ 临界值，接受 H_{10}，表明只有 1 个协整向量；

$\eta_1>$ 临界值，拒绝 H_{10}，表明至少有 2 个协整向量；

⋮

$\eta_r<$ 临界值，接受 H_{r0}，表明只有 r 个协整向量。

第二，最大特征根检验（Maximum Eigenvalue 检验）。

Johansen 协整检验的另外一种检验的原假设和备择假设是：

$H_{r0}: \lambda_{r+1} = 0$

$H_{r1}: \lambda_{r+1} > 0$

最大特征根 Johansen 协整检验统计量为：

$$\xi_r = -T\log(1-\lambda_{r+1}),\ r = 0,1,\cdots,k-1 \tag{5.17}$$

其中：ξ_r 称为最大特征根统计量，简记为 λ-max 统计量。检验按照如下顺序进行，首先检验 ξ_0，如果：

ξ_0 < 临界值，接受 H_{00}，无协整向量；

ξ_0 > 临界值，拒绝 H_{00}，至少有 1 个协整向量。

接受 H_{00}，表明最大特征根为 0，无协整向量，否则接受 H_{01}，至少有 1 个协整向量；如果 ξ_1 显著，拒绝 H_{01}，接受至少有 2 个协整向量的备择假设 H_{11}；依次进行下去，直到接受 H_{r0}，共有 r 个协整向量。

本章采用 Johansen 检验法。由于协整检验对滞后阶尤为敏感，不当的滞后阶，很可能导致虚协整，因此，必须先确定合理的滞后阶数 p，我们采用 AIC 信息准则和 SC 准则对 p 值进行选择，即选取当二者同时为最小值时的阶数。在 p 值确定后，再对协整中是否具有常数项和（或）时间趋势进行验证，然后再对其他组数据进行协整检验。最后得到 GDP 增长率序列和并购序列的协整检验结果如下：

表 5.5 协整检验结果

原假设	r = 0	r≤1
备选假设	r≥1	r≥2
特征值	0.7355	0.02777
统计量	29.2557 *	0.6195
5%临界值	14.2646	3.8415

* 表示在 5% 的水平下显著。

从表 5.5 可以看出，在 5% 的显著性水平下，GDP 增长率序列与并购序列之间至少存在一个显著的协整关系，即长期均衡关系。因此，从长期来看，并购周期与经济周期之间具有较强的关联性。

第五节　我国并购周期与经济周期关联性的原因分析

通过以上分析发现，我国并购周期与经济周期在1998年以前几乎是不相关的，但1998年以后，相关性比以前有了很大的提高，说明经济周期确实对并购周期产生了影响。然而，这种相关性与西方发达国家相比并不是很高，这说明我国的并购市场并不发达，还有待进一步完善。在此，对我国并购周期与经济周期所表现出的相关性的原因进行简要分析。

1998年以前并购周期与经济周期几乎无关，1998年以后两者相关性虽然有所提高，但相对西方发达国家仍然较低的现象主要是出于以下几方面的原因：

（1）尽管中国改革开放以来，宏观经济有波动，但由于时间有限，可能从一个比较长的周期看，仍然处在一个增长期内，因此我们研究的并购周期与经济周期的关系可能还缺乏足够长的时间。

（2）与我国经济处于转轨阶段有关。由于现阶段我国国有企业仍然是经济的主要部分，企业并购的动因很复杂，政府主导性并购占有很大比重，不少部门和地方政府把并购作为消灭亏损企业的手段，有的把它作为解决效益不好、企业职工出路的方法，还有的作为减轻财政负担的途径……总之，政府从自己的角度出发，为避免社会动荡，达到自身效应最大化，在经济收缩，企业效益普遍下滑的时候，反而会加大推动并购的力度。

（3）我国不具备完善的并购市场体系。所谓完善的市场包括三方面：市场组织完善、市场体系完善和市场机制完善。完善的市场组织是指市场所必需的场所、交易主体、中介组织完备且功能完善；完善的市场机制和体系包括正常的价格机制、信息传导机制、风险规避机制和交易保障机制。只有在完善的市场条件下，并购才能趋于活跃和有效率。我国并购的市场（即资本市场），没有完善的市场机制和体系。首先，我国不具备正常的资本市场的价格机制。一方面，股票市场上存在严重的卖方不充分竞争；另一方面，股票市场之外进行的并购，存在大量的内幕交易和关联交易，尤其是在并购的过程中，不能流通的国有股和法人股通过协议转让，形成“流通”，往往是以非市场理性的扭曲价格进行的。其次，我国资本市场信息机制不完善。最后，我国资本市场的风险规避机制和交易保障机制不完善，这主要是由企业内部不具备风险规避机制以及法律法规不完善造成的。我国的资本市场还缺乏完善的市场组织。第一，我国资本市场没有完善的交易主体。交易主体的完备与完善由产权界定和产权的可交易性决定。而我国企业产权模糊、混乱，并存在一定争议性，这使我国的资本市场交易主体还不完善。第二，我国资本市场缺乏完善的中介组织体系。由于并购的方式、过程和结果的多样性、复杂性，需要专业化的中介组织来进行策划、操作、监控与调整，以使并购顺利高效地完成。但是，我国的资本市场中介机构还相当不完善；我国资本市场不具备一套完善健全的法律法规制度。这些因素使得我国的并购不可能像西方发达国家那么活跃，制约了并购周期与经济周期之间的关联效应。

（4）近年来，经济预测方面的学者在经济周期局面的判断和转折点的预测方面并未取得令人满意的结果。加强宏观经济监测和预测工作，以便及早地了解经济周期波动的峰谷及某些重要的经济指标的发展趋势，不仅有利于宏观调控时点的确定，而且还有利于调控手段和调控力度的选择，同时对微观主体的并购决策也有帮助。然而，目前经济周期局面的判断失误较多，与我国实际经济波动出现较大偏差，甚至在周期局面判断较为准确的情况下，经济周期转折点的预测效果也很差，常常出现的情况是许多预测到的转折点没有发生，而发生的转折点却不能被预测出来，这样就会产生对微观主体预期和判断的误导，使得并购周期与实际的经济周期波动偏离较大。

（5）经济周期虽然对并购活动有重要的影响，但不是唯一的影响因素，根据国外的实证研究结果，利率、股票价格、货币供应量、汇率、债券收益和劳动成本等对总体并购活动也会产生重要影响，这些因素的综合影响结果使得并购周期与经济周期有不一致的可能性。

并购周期与经济周期的存在关联性的原因主要包括：

（1）企业认为，在有利的、扩张的经济环境中，并购有助于迅速扩大规模和更好地控制市场（尼尔森，1955；贝克迪，1985）。

（2）在经济繁荣时期，企业管理人员的扩张欲望往往表现为通过并购活动扩张企业规模（索普，1931；瑞德，1968；罗尔，1986）。经济繁荣时，股东收益的不断增加将增强股东的乐观心理和对企业管理人员的信任，并往往因而削弱了对管理人员追求自身利益的限制。当股票价格上涨时，市场比较能够接受管理人员对增长目标的追求（穆勒，1977）。当经济步入低谷时，情况则正好相反，无论是市场还是管理者对于扩张式的并购均趋于保守和谨慎。

除此以外，如果把企业并购作为一种投资行为来分析，我们就能发现，只有在经济周期处于繁荣时，企业盈利才能比较多，才有能力去投资；同时，公司股票价格一般也处于较高价位，通过换股或股票与现金搭配方式并购，在成本控制和现金流量控制上也是对并购企业有利的。

以上这些解释是否成立，需要通过他们所依据的理论的微观经济学特征来检验。但对我国来讲，并购周期和经济周期相关性在近年来有所提高的原因，还应包括以下两方面：

（1）与我国市场经济的发展阶段密切相关。虽然90年代后期，中国经济增速减缓，但我国资本市场却发展很迅猛，截至2002年末，沪、深股市已经有上市公司1223家，上市股票310种，股票市场价总值38329亿元，流通市值也达12485亿元，资本市场提高了资产和产权的流动性，非常有力地推动了企业的并购。到2002年，仅上市公司并购个案就高达4000余起。

（2）随着我国加入WTO，大批外国公司进入中国，并通过并购方式争取竞争优势，不少原先的中外合资企业的外方股东收购了中方股权，形成控股或独资的格局。而且，并购整合对象从个别企业发展成某一行业或市场，如达能公司在收购娃哈哈、乐百氏60%股份后，又在2000年12月收购了上海梅林正广和饮用水公司60%的股份，形成了在中国饮用水市场的超强布局。外资企业的并购进一步活跃了中国企业并购市场，促进了中国并购市场的尽早完善。

第六章

我国上市公司总体并购活动与宏观金融变量关联性的实证检验

西方国家经验表明，货币金融领域内的变化是影响并购活动的重要力量。并购活动和货币金融领域内的变化存在着这样一种规律：高涨的股市刺激了并购活动。特别是通货膨胀时期，实物资产的增值速度很快，如果此时市场利率较低，而股市价格相对较低，则在股市上收购上市公司从而间接地购买实物资产就变得有利可图。因此，货币金融领域内的变化对并购活动的影响集中反映在货币供应量、利率和股价指数。同时，随着中国改革开放的逐渐深入，尤其是加入 WTO 后中国资本市场的全面开放，中国金融市场将会日益多元化，国内与国外经济的联系将更加紧密，汇率也将成为中国货币政策中重要的工具变量，而汇率与利率之间又存在较强的相关关系（赵进文，2004），从而可能对并购活动产生影响。同时，第五章的研究结果表明，我国的并购周期与经济周期具有较强关联性，经济周期对总体并购活动存在重要影响，但并不是唯一的影响因素，为此，探寻总体并购活动与宏观金融变量之间的相关性有利于并购浪潮或并购周期特征的原因的分析。

第一节 我国上市公司总体并购活动与宏观金融变量关联性假说的建立

了解总体并购活动与利率、股价、汇率、货币供应量等宏观金融变量之间的关系能够为我们提供观察并购活动时间性特征的新视角，为本书前面的实证研究结果提供解释。

一　美国并购浪潮中的典型事实

美国五次并购浪潮中，货币金融领域内的变化所带来的影响是不可忽视的重要力量。并购活动和货币金融领域内的变化存在着这样一种规律：高涨的股市刺激了并购活动。特别是通货膨胀时期，实物资产的增值速度很快，如果此时市场利率较低，而股市价格相对较低，则在股市上收购上市公司从而间接地购买实物资产就变得有利可图。因此，货币金融领域内的变化对并购活动的影响集中反映在货币供应、利率和股票市场的变化上。

在第二次并购浪潮中，货币扩张对并购活动的影响是比较大的。第一次世界大战期间，为了躲避欧洲的战乱，同时也需要支付美国大量的贸易盈余，大量的黄金流入美国，导致货币基数迅速扩张。另外，美联储这一时期对联邦债务进行的货币化，加剧了通货膨胀的局势。而且，在战时和战后不久的一段时期内，为了方便财政部借款以支付战争费用，美联储试图保持较低的利率。很显然，低利率使得并购所需的资本可以很容易地获得。

第三次并购浪潮发生时，正值美国在20世纪60年代迎来了战后工业经济全面发展的时期。国家资本主义的盛行使得货币扩张变得更加容易，股市也逐渐繁荣至极，人们对于经济发展的预期充满了乐观情绪。当资本充裕并且股票市场未来的上涨可以预期的时候，并购活动的发动者就有理由相信其交易行为将会获得收益。

最典型的金融推动并购活动的时期是第四次并购浪潮。在20世纪80年代的美国，经受了近10年较高的通货膨胀之后，资产的重置成本大大地提高了，但股市并没有对此作出反应。结果，公司的清算价值往往超过了它的市场价值。把公司买过来再拆开卖就会盈利，这种差价极大地刺激了企业家和金融买家进行收购。而资本市场的创新又提供了融资并购的可能，在一定程度上解决了资金紧张的矛盾。

第五次并购浪潮中，国际资本流动加速，跨国并购盛行。一方面，套利机制使得国际货币市场和资本市场的价格出现了趋同；另一方面，各国的货币供给都受到一定冲击，通货膨胀的传播也更加容易。金融领域的这些变化为跨国并购提供了巨大的收益空间。

二　实证研究中涉及的变量及研究结论

自 Nelson（1959）利用美国 1895—1920 年间的季度数据发现了并购活动与股票价格间存在显著的正相关关系后，相关研究不断涌现，根据本书第一章的文献梳理，我们对该领域的研究变量及相关结论进行简单总结，如表 6.1 所示。

表 6.1　国外实证研究成果中与并购相关的宏观经济变量及研究结论

研究变量	研究结论	支持者
并购与股票价格	并购与股价之间正相关	Nelson（1959、1966），威斯通（1953），马克汉姆（1955），Joseph Yagil（1996），贝克迪（1986），Cheng（1993），Chien - Chung Nieh（2002）
	并购与股价之间负相关	Beckenstein（1979），Melicher、Ledolter and D'Antonio（1983）
	并购与股价之间不存在格兰杰因果关系	Geroski（1984），Guerard（1989），Shughar 和 Tollison（1984）
	存在格兰杰因果关系	Clark et al.（1988），Roger（1996），Haque、Harnhirum and Shapiro（1995）
并购与利率	并购与利率负相关	Melicher et al.（1983），贝克迪（1986），Steiner（1975），Nelson（1959，1966）
	相关性不显著	戈伯和怀特（1987），Chien - Chung Nieh（2002）
	两者之间存在格兰杰因果关系	Haque、Harnhirum and Shapiro（1995），Cheng（1993）
并购与劳动成本	长期存在共同趋势，短期相关性不显著	Chien-Chung Nieh（2002）
并购与托宾 q	并购活动与托宾 q 值显著正相关	戈伯和怀特（1987）

除了以上变量以外，国外的研究中还有检验并购与设备利用率、货币供应量、非金融性债券总量等变量的相关性。实证研究表明，设备利用率与并购活动正相关，而债务总量及货币供应量对并购活动没有形成始终一致的影响。

其中，尼尔森等人（1959、1966）设计的“1945—1990 年美国企业并购数、生产指数、股价指数和利率数据表”（见表 6.2）显示出：（1）利率影响并购活动，与并购活动显著负相关。（2）并购活动频繁程度与股票价格高度正相关。

表 6.2　1945—1990 年美国企业并购数、生产指数、股价指数和利率数据表

年份	并购数	生产指数①	股价指数②	利率③	年份	并购数	生产指数	股价指数	利率
1945	333	23.4	—	1.00	1968	2407	60.7	906.0	5.16
1946	419	20.2	—	1.00	1969	2307	63.5	876.7	5.87
1947	404	22.7	—	1.00	1970	1351	61.4	753.2	5.95
1948	223	23.6	—	1.34	1971	1011	62.2	884.8	4.88
1949	126	22.3	179.5	1.50	1972	911	68.3	950.7	4.50
1950	219	25.8	216.3	1.59	1973	873	73.8	923.9	6.44
1951	235	28.0	257.6	1.75	1974	602	72.7	759.4	7.83
1952	288	29.1	270.8	1.75	1975	439	66.3	802.5	6.25
1953	295	31.6	276.0	1.99	1976	559	72.1	974.9	5.50
1954	387	29.9	333.9	1.60	1977	590	78.2	894.6	5.46
1955	683	33.7	442.7	1.89	1978	607	82.6	820.2	7.46
1956	673	35.1	493.0	2.77	1979	519	85.7	844.4	10.28
1957	585	35.6	475.7	3.12	1980	1560	84.1	891.4	11.77
1958	589	33.3	491.7	2.15	1981	2329	85.7	932.9	13.42
1959	835	37.3	632.1	3.36	1982	2298	81.9	884.4	11.02
1960	844	38.1	618.0	3.53	1983	2395	84.9	1190.3	8.50
1961	954	38.4	691.6	3.00	1984	3176	92.8	1178.5	8.80
1962	853	41.6	639.8	3.00	1985	3489	94.4	1328.2	7.69
1963	861	44.0	714.8	3.23	1986	4463	95.3	1792.8	6.33
1964	854	47.0	834.1	3.55	1987	4027	100.0	2276.0	5.66
1965	1008	51.7	910.9	4.04	1988	4233	105.4	2060.8	6.20
1966	995	56.3	873.6	4.50	1989	4167	108.1	2508.9	6.93
1967	1496	57.5	879.1	4.19	1990	4168	109.2	2678.9	6.98

资料来源：并购数来自《美国统计历史》，美国纽约出版社 1976 年版；生产指数、股价指数和利率数据来源于《总统经济报告》，美国华盛顿政府文印办公室，1993 年。

① 1987 年 =100。

② 道·琼斯平均指数。

③ 美国联邦储备银行贴现率。

由此认为，既然企业并购与股票价格高低有关①，如果把股票价格的变化与企业并购变化从总体上来分析，会自然地联想：并购浪潮的出现或总体并购活动与股票市场之间有某种内在的联系，全球五次并购浪潮也充分地证明了这一点。同时，利率由于能够影响到公司的资本成本，从而能影响到并购活动。而货币供应量一方面能通过影响利率，从而影响并购活动；另一方面，货币供应量能够通过改变用于并购的可得的流动资产的数量，从而对并购产生影响（Bean Becketti，1986）。另外，我们认为汇率对并购活动也可能存在影响，主要是通过两个途径：第一，汇率会对利率产生影响，从而影响并购活动；第二，随着我国跨国并购的增多，汇率可能会对并购产生更直接的影响②。我们在深入研究全球五次并购浪潮及国外研究成果的基础上，确定出本章实证研究中所涉及的变量包括并购交易笔数、股价指数、利率、货币供应量和汇率，而相关的研究假说表述如下：

假说1：股票价格指数与并购活动正相关

假说2：并购活动能引起股价的变动

假说3：并购活动与利率负相关

假说4：并购活动与货币供应量正相关

假说5：汇率与并购活动负相关

本章研究并购与宏观金融变量之间的关系将从两个角度入手，一方面，本章将检验并购活动与宏观金融变量的长期关系；另一方面，本章将研究并购活动与宏观金融变量的短期关系。文中将采用多种时间序列分析方法，如单位根检验、协整、误差修正模型（VECM）、脉冲响应函数（impulse response）及方差分解（variance decomposition）等。本章第二部分将对各变量的数据来源进行说明，并对拟采用的时间序列方法作介绍；第三部分，将对并购与股票价格指数、并购与利率、并购与货币供应量，

① 关于并购与股价反应的微观研究已经确认这一点，在此不再赘述。

② Vasconcellos，G. M. and Kish，R. J. （1998）研究表明，汇率会影响到跨国并购的方向和数量。

以及并购与汇率之间的长期关系和短期动态关系进行实证检验，给出检验结果；最后，给出本章的基本结论。

第二节　数据及模型的描述

本章将研究的变量包括并购交易笔数、利率、股票价格指数、货币供应量和汇率等，本部分将首先对数据来源进行简单说明。

一　数据来源及描述

（1）并购交易笔数

在本章研究中，我们仍采用并购交易笔数的季度数据，数据来源在前面章节的实证研究中已有说明，在此不再赘述。在实证研究之前，我们利用 X12 方法进行了季节调整。变量用 m 表示。

（2）利率

本书中利率指标选取六个月期贷款利率。数据来源于《中国人民银行统计季报》。由于名义利率中包含了通货膨胀因素的影响，所以模型中的利率全部采取实际利率。实际利率是用名义利率减去当期通货膨胀所得。变量用 r 表示。

（3）股票价格指数

由于沪深 300 指数数据公布较晚，数据长度不够，且目前国内没有其他反映沪深股价综合水平的指数，我们咨询相关专家的意见，决定采用上证综合指数代替。同时考虑到上证综指与深圳成分指数的波动几乎保持同步，所以对本章问题的研究没有影响。Roger Clarke（1996）指出，利用名义股票市场价格可能会有误导，股票市场指数自身的波动没有传递任何有关经济福利相对价值的信息。例如，在滞胀时期，股价上升了，但衰退可能使得权益的实际价值减少了。从而，应该使用实际股票价格指数。然而，我们通过比较我国上证综指的名义值和实际值后发现，其变动趋势非常近似。我们认为，对我国数据来讲，采用二者任一对我们的研究结论都不会产生影响。上证综合指数数据来源于雅虎财经网站（http：//

cn. finance. yahoo. com/)。数据在使用之前已利用 X12 进行了季节调整。变量用 *shzz* 表示。

(4) 货币供应量

1994 年以后，央行将货币供应量作为货币政策的监控目标，央行通过调控货币供应量来调控宏观经济，因此，我们选取货币供应量作为影响总体并购活动的重要金融变量。按照我国对货币供应量的定义，货币应包括本币的相关项目。其中包括三个层次：*M*0（流通中现金），*M*1（货币 + 活期存款），*M*2 [*M*1 + 准货币（定期存款 + 储蓄存款 + 其他存款)][①]。在我国，一般以 *M*2 作为调控重点，原因是它的流通速度较为稳定，能更准确地反映购买力的变化，而且它的数量受公众对货币流动性偏好的影响更小，我国部分学者的实证结果也表明 *M*2 对经济的影响较其他指标更具有鲁棒性（邓述惠，1999）。所以，在本部分研究中我们选取货币供应量 *M*2 的季度数据[②]。数据在使用之前剔除了通货膨胀和季节因素的影响。变量用 *M*2 表示。

(5) 汇率

随着中国改革开放的逐渐深入，尤其是加入 WTO 后中国资本市场的全面开放，中国金融市场将会日益多元化，国内与国外经济的联系将更加紧密，汇率也将成为中国货币政策中重要的工具变量，而汇率与利率之间又存在较强的相关关系（赵进文，2004），从而可能对并购活动产生影响。另外，我国近年来跨国并购逐渐增多，从而使并购活动与汇率的关系更加直接。因此，我们在本部分亦研究汇率变量对我国并购活动的影响。我们所采用的汇率是人民币对美元汇率季度数据，数据来源于《中国人民银行统计季报》及中国人民银行网站，数据在使用之前剔除了通货膨胀及季节因素的影响。汇率序列用 *hl* 表示。

(6) 通货膨胀指标

本书的通货膨胀指标是根据消费物价指数（CPI，1990 年第一季度为

① 自 2001 年 6 月起，其他存款中包含证券公司存放在金融机构的客户保证金。

② 数据取自中国人民银行统计季报中银行概览。

100）计算：$\pi_t = (CPI_t - CPI_{t-1}) / CPI_{T-1}$。$CPI$ 数据来源于《经济景气统计月报》和国家统计局网站（www. stats. gov. cn）。

二　模型的描述

由于要研究并购活动与股价、利率、货币供应量、汇率之间的长期和短期关系，所以借助于时间序列分析中的协整检验和误差修正模型等。在此首先对所用模型作简单描述。

1. 误差修正模型（VECM）

根据 Granger 表达定理，协整系统有三种等价的表达形式：向量自回归 VAR、移动平均 MA 和误差修正模型 ECM，其中 ECM 最能直接描述短期波动与长期均衡的综合，应用最为普遍。向量误差修正模型（VECM）是一个有约束的 VAR 模型，并在解释变量中含有协整约束，因此它适用于已知有协整关系的非平稳序列。当有一个大范围的短期动态波动时，VEC 表达式会限制内生变量的长期行为收敛于它们的协整关系。因为一系列的部分短期调整可以修正长期均衡的偏离，所以协整项被称为是误差修正项。误差修正模型是短期动态模型。

如果 y_t 是包含有 n 个 $I(1)$ 过程的向量，且存在协整关系，则误差修正模型可以表示成：

$$\Delta y_t = \alpha\beta' y_{t-1} + \sum_{i=1}^{p-1} \Gamma_i \Delta y_{t-i} + \varepsilon_t \tag{6.1}$$

其中，每个方程的误差项 ε_{it} 都具有平稳性。一个协整体系有多种表示形式，用误差修正模型表示是当前处理这种问题的普遍方法，即：

$$\Delta y_t = \alpha ECM_{t-1} + \sum_{i=1}^{p-1} \Gamma_i \Delta y_{t-i} + \varepsilon_t \tag{6.2}$$

其中的每一个方程都是一个误差修正模型。$ECM_{t-1} = \beta' y_{t-1}$ 是误差修正项，反映变量之间的长期均衡关系，系数 α 反映变量之间的关系偏离长期均衡状态对短期变化的影响。所有作为解释变量的差分项的系数反映各变量短期变化对作为被解释变量的短期变化的影响，我们可以剔除其中统计不显著的滞后差分项。

2. 脉冲响应函数（impulse response）

已知多变量的 VAR 模型如下：

$$y_t = A_1 y_{t-1} + \cdots + A_p y_{t-p} + \varepsilon_t \tag{6.3}$$

这里 y_t 是一个 k 维内生变量向量，ε_t 是方差为 Ω 的扰动向量。假如 VAR（p）可逆，我们可以得到 VMA（∞）的表达式。

$$\begin{aligned} y_t &= (I - A_1 L - \cdots - A_p L^p)^{-1} \varepsilon_t \\ &= (I + \psi_1 L + \psi_2 L^2 + \cdots) \varepsilon_t \end{aligned} \tag{6.4}$$

MA 表达式的系数可按下面的方式给出：VAR 的系数 A 和 MA 的系数 Ψ 必须满足下面关系：

$$(I - A_1 L - \cdots - A_P L^p)(I + \Psi_1 L + \Psi_2 L^2 + \cdots) = I$$

$$\mathrm{I} + \mathrm{C}_1 \mathrm{L} + \mathrm{C}_2 \mathrm{L}^2 + \cdots = \mathrm{I} \tag{6.5}$$

其中，$C_1 = C_2 = \cdots = 0$。关于 C_q 的条件递归定义了 MA 系数：

$$\Psi_1 = A_1$$

$$\Psi_2 = A_1 \Psi_1 + A_2$$

·

·

·

$$\Psi_q = A_1 \Psi_{q-1} + A_2 \Psi_{q-2} + \cdots + A_P \Psi_{q-p} \tag{6.6}$$

从而可知 VMA 的系数可以由 VAR 的系数得到。考虑 VMA（∞）的表达式

$$y_t = (\psi_0 I + \psi_1 L + \psi_2 L^2 + \cdots) \varepsilon_t \tag{6.7}$$

y 的第 i 个变量 y_{it} 可以写成：

$$y_{it} = \sum_{j=1}^{k} (\psi_{0,ij} \varepsilon_{jt} + \psi_{1,ij} \varepsilon_{jt-1} + \psi_{2,ij} \varepsilon_{jt-2} + \psi_{3,ij} \varepsilon_{jt-3} + \cdots) \tag{6.8}$$

其中 k 是变量个数。

仅考虑两个变量的情形：$\psi_q = (\psi_{q,ij})$，$q = 1, 2, 3, \ldots$ $i, j = 1, 2$

$$\begin{pmatrix} y_{1t} \\ y_{2t} \end{pmatrix} = \begin{pmatrix} \psi_{0,11} & \psi_{0,12} \\ \psi_{0,21} & \psi_{0,22} \end{pmatrix} \begin{pmatrix} \varepsilon_{1,t} \\ \varepsilon_{2,t} \end{pmatrix} + \begin{pmatrix} \psi_{1,11} & \psi_{1,12} \\ \psi_{1,21} & \psi_{1,22} \end{pmatrix} \begin{pmatrix} \varepsilon_{1,t-1} \\ \varepsilon_{2,t-1} \end{pmatrix} +$$

$$\begin{pmatrix} \psi_{2,11} & \psi_{2,12} \\ \psi_{2,21} & \psi_{2,22} \end{pmatrix} \begin{pmatrix} \varepsilon_{1,t-2} \\ \varepsilon_{2,t-2} \end{pmatrix} + \cdots \tag{6.9}$$

现在假定在基期给 y_1 一个单位的脉冲，即：

$$\varepsilon_{1t} = \begin{cases} 1, & t = 0 \\ 0, & else \end{cases} \qquad \varepsilon_{2t} = 0, \quad \forall t$$

由 y_1 的脉冲引起的 y_2 的响应函数：$\psi_{0,21}, \psi_{1,21}, \psi_{2,21}, \cdots$

$$t = 0, \qquad y_{2,0} = \psi_{0,21}$$

$$t = 1, \qquad y_{2,1} = \psi_{1,21}$$

$$t = 2, \qquad y_{2,2} = \psi_{2,21}$$

$$t = 3, \qquad y_{2,3} = \psi_{3,21}$$

$$t = 4, \qquad y_{2,4} = \psi_{4,21}$$

$$\vdots$$

因此，一般的，由对 y_j 的脉冲引起的 y_i 的响应函数为：

$\psi_{0,ij}, \psi_{1,ij}, \psi_{2,ij}, \psi_{3,ij}, \psi_{4,ij}, \cdots$

而 C_s 的第 i 行、第 j 列元素可以表示为($s = 0,1,\cdots$)：

$$C_{s,ij} = \frac{\partial y_{i,t+s}}{\partial u_{jt}} \tag{6.10}$$

作为 s 的函数，它描述了在时期 t 的其他变量和早期变量不变的情况下 $y_{i,t+s}$ 对 y_{jt} 的一个暂时变化的反应，我们把它称作脉冲响应函数。

3. 方差分解

脉冲响应函数描述的是 VAR 中的一个内生变量的冲击给其他内生变量所带来的影响。而方差分解是通过分析每一个结构冲击对内生变量变化（通常用方差来度量）的贡献度，进一步评价不同结构冲击的重要性。因此，方差分解给出对 VAR 中的变量产生影响的每个随机扰动的相对重要性的信息。Sims 于 1980 年依据 VMA（∞）表示，提出了方差分解方法。其思路如下：

由 VAR｛p｝模型

$$y_t = A_1 y_{t-1} + \cdots + A_p y_{t-p} + \varepsilon_t \tag{6.11}$$

相应的 VMA（∞）表示

$$y_t = (I + \psi_1 L + \psi_2 L^2 + \cdots)\varepsilon_t \tag{6.12}$$

可知第 i 个变量 y_{it} 可以写成：

$$y_{it} = \sum_{j=1}^{k}(\psi_{0,ij}\varepsilon_{jt} + \psi_{1,ij}\varepsilon_{jt-1} + \psi_{2,ij}\varepsilon_{jt-2} + \psi_{3,ij}\varepsilon_{jt-3} + \cdots) \tag{6.13}$$

其中 k 是变量个数，（6.13）式括号中的内容是第 j 个扰动项 ε_j 从无限过去到现在时点对第 i 个变量 y_i 影响的总和。求其方差，因为 $\{\varepsilon_{jt}\}$ 无序列相关，故

$$E[(\psi_{0,ij}\varepsilon_{jt} + \psi_{1,ij}\varepsilon_{jt-1} + \psi_{2,ij}\varepsilon_{jt-2} + \cdots)^2] = \sum_{q=0}^{\infty}(\psi_{q,ij})^2\sigma_{jj}^2$$

$$j = 1, 2, \cdots, k \tag{6.14}$$

这是把第 j 个扰动项对第 i 个变量的从无限过去到现在时点的影响，用方差加以评价的结果。此处还假定扰动项向量的协方差矩阵 Ω 是对角矩阵。于是 y_{it} 的方差 $r_{ii}(0)$ 是上述方差的 k 项简单和

$$\text{var}(y_{it}) = r_{ii}(0) = \sum_{j=1}^{k}\left\{\sum_{q=0}^{\infty}(\psi_{q,ij})^2\sigma_{jj}^2\right\} \tag{6.15}$$

y_{it} 的方差可以分解成 k 种不相关的影响，因此为了测定各个扰动相对 y_{it} 的方差有多大程度的贡献，定义了如下尺度：

$$RVC_{j->i}(\infty) = \frac{\sum_{q=0}^{\infty}(\psi_{q,ij})^2\sigma_{jj}^2}{\text{var}(y_{it})} = \frac{\sum_{q=0}^{\infty}(\psi_{q,ij})^2\sigma_{jj}^2}{\sum_{j=1}^{k}\left\{\sum_{q=0}^{\infty}(\psi_{q,ij})^2\sigma_{jj}^2\right\}} \quad i, j = 1, 2, \cdots, k \tag{6.16}$$

即 RVC（Relative Variance Contribution）（相对方差贡献率）是根据第 j 个变量基于冲击的方差对 y_{it} 的方差的相对贡献度来观测第 j 个变量对第 i 个变量的影响。

实际上，不可能用直到 $s=\infty$ 的 $\psi_{q,ij}$ 来评价，只需有限的 s 项。

VAR（p）模型的前 s 期的预测误差是

$$\varepsilon_{t+s}+\psi_1\varepsilon_{t+s-1}+\psi_2\varepsilon_{t+s-2}+\cdots+\psi_{s-1}\varepsilon_{t+1} \tag{6.17}$$

故：

$$RVC_{j->i}(s)=\frac{\sum_{q=0}^{s-1}(\psi_{q,ij})^2\sigma_{jj}^2}{\sum_{j=1}^{k}\{\sum_{q=0}^{s-1}(\psi_{q,ij})^2\sigma_{jj}^2\}} \quad i,j=1,2,\cdots,k \tag{6.18}$$

如果 $RVC_{j->i}(s)$ 大时，意味着第 j 个变量对第 i 个变量的影响大，相反的，$RVC_{j->i}(s)$ 小时，可以认为第 j 个变量对第 i 个变量的影响小。

第三节　上市公司总体并购活动与宏观金融变量的长期关系检验

首先，本节将检验并购与股价、利率、货币供应量、汇率之间的长期关系，考察它们之间是否有共同的长期关联趋势或长期均衡关系。在本部分，我们将借助 Johansen 协整检验等时间序列方法，在此之前先对各变量进行单位根检验，其检验结果如下：

一　单位根检验结果

我们采用 1998 年一季度至 2005 年四季度的数据为样本，运用 ADF 和 PP 单位根检验方法对 m、r、$shzz$、$M2$ 和 hl 等变量的检验结果如表 6.3 所示：

表 6.3 列出了各个变量的 ADF 检验和 PP 检验结果，其中符号 Δ 表示序列的一阶差分。根据表 6.3 可知，在 1% 的显著性水平下，并购交易笔数 m_t、实际利率 r_t、上海综合指数 $shzz_t$、货币供应量 $M2_t$ 和实际汇率 hl_t 均为非平稳序列，且服从一阶单整过程。因此，我们可以对这些单整序列进行协整检验来确定它们之间是否存在长期稳定关系。

表 6.3　　　　　　　　　　**变量的单位根检验结果**

序列名	m_t	Δm_t	r_t	Δr_t	$shzz_t$
ADF 统计量	-2.18	-6.34 **	1.31	-2.12 *	-1.75
PP 统计量	-2.12	-6.38 **	2.08	-2.21 *	-1.70
序列名	$\Delta shzz_t$	$M2_t$	$\Delta M2_t$	hl_t	Δhl_t
ADF 统计量	-6.14 **	-2.1	-12.77 **	0.09	-3.00 **
PP 统计量	-6.19 **	-2.44	-12.77 **	-1.1	-5.31 **

* 表示在 5% 的水平下显著；　** 表示在 1% 的水平下显著。

二　协整检验结果

本章利用 Johansen 协整检验来判断模型各变量之间的长期稳定关系，检验结果如表 6.4—6.7 所示，其中 r 表示协整关系的个数，* 号表示在 5% 的水平下显著（下同）。

表 6.4　　　　　　　　m_t **和** r_t **之间的协整检验结果**

原假设	r = 0	r≤1
备选假设	r≥1	r≥2
特征值	0.5054	0.1409
统计量	21.3965 *	3.7967
5% 临界值	15.4947	3.8415

表 6.5　　　　　　　　m_t **和** $shzz_t$ **之间的协整检验结果**

原假设	r = 0	r≤1
备选假设	r≥1	r≥2
特征值	0.4237	0.0927
统计量	17.5079 *	2.6278
5% 临界值	15.4947	3.8415

表 6.6　　m_t 和 $M2_t$ 之间的协整检验结果

原假设	r = 0	r≤1
备选假设	r≥1	r≥2
特征值	0.5065	0.0325
统计量	16.2650 *	0.7261
5% 临界值	15.4947	3.8415

表 6.7　　m_t 和 hl_t 之间的协整检验结果

原假设	r = 0	r≤1
备选假设	r≥1	r≥2
特征值	0.5599	0.1940
统计量	21.7657 *	4.5292
5% 临界值	20.2618	9.1645

从表 6.4—6.7 中可以看出，在 5% 的显著性水平下，并购交易笔数和 m_t 实际利率之间至少存在一个显著性的协整关系，并购交易笔数 m_t 和上海综合指数 $shzz_t$ 之间也至少存在一个协整关系，而并购交易笔数 m_t 与实际货币供应量 $M2_t$ 之间也至少存在一个协整关系，同样，并购交易笔数 m_t 和实际汇率 hl_t 之间也至少存在一个协整关系。这说明并购活动与实际利率、股价指数、实际货币供应量、实际汇率之间存在长期均衡关系。

第四节　上市公司总体并购活动与宏观金融变量的短期动态关系检验

Engle 和 Granger（1987）指出，协整关系是用来描述变量之间是否存在长期关系的，而误差修正模型则不仅能够刻画长期关系，还能刻画变量之间的短期动态关系。所以，本章紧接着将运用误差修正模型来研究并购活动、股价、实际利率、实际货币供应量和实际汇率之间的短期动态关系，但由于 VAR 模型和误差修正模型的参数随着变量的增加呈几何级数增加，考虑到本研究样本数据容量的限制，我们在探讨以上变量的短期动态关系时，把变量分成两部分①。

一　总体并购活动与股价、利率的短期动态关系检验

1. 协整检验

首先，对总体并购活动序列 m_t 、实际利率 r_t 和股价指数 $shzz_t$ 进行协整检验，检验结果如表 6.8 所示：

表 6.8　　m_t 和 r_t 、$shzz_t$ 之间的协整检验结果

原假设	r = 0	r≤1	r≤2
备选假设	r≥1	r≥2	r≥3
特征值	0. 6772	0. 3098	0. 0224
统计量	36. 5781 **	9. 4463	0. 5443
5%临界值	29. 7971	15. 4947	3. 8415

** 表示在 5% 的水平下显著。

从表 6.8 中可以看出，在 5% 的显著性水平下，并购活动序列 m_t 、实际利率 r_t 和股价指数 $shzz_t$ 存在协整关系，从而满足误差修正模型建模的要求。

2. 误差修正模型的估计

利用 eview5. 0 得到并购活动序列 m_t 、实际利率 r_t 和股价指数 $shzz_t$ 三变量的误差修正模型②如下：

$$\Delta m_t = -1.11^* (m_{t-1} - 0.128^* shzz_{t-1} + 3485.609^* r_{t-1} - 223.2155) + 0.68^* \Delta m_{t-1} + 0.941^* \Delta m_{t-2} + 0.649^* \Delta m_{t-3} + 0.071 \Delta m_{t-4} - 0.356^* \Delta shzz_{t-1} - 0.418^* \Delta shzz_{t-2} - 0.229 \Delta shzz_{t-3} - 0.181^* \Delta shzz_{t-4} - 4501.42^* \Delta r_{t-1} + 703.26^* \Delta r_{t-2} + 730.27 \Delta r_{t-3} -$$

① 由于 VAR 模型和误差修正模型是非结构性模型，其建模不严格依据经济理论，所以本研究的做法不存在问题。

② 模型中所含滞后阶数皆根据 AIC、SC 准则确定，本研究取滞后 4 阶。

$$2768.867^{*}\Delta r_{t-4} - 10.291$$

$$\Delta shzz_t = -3.433^{*}(m_{t-1} - 0.128^{*}shzz_{t-1} + 3485.609^{*}r_{t-1} - 223.2155) + 2.556^{*}\Delta m_{t-1} + 2.782^{*}\Delta m_{t-2} + 3.191^{*}\Delta m_{t-3} + 2.345\Delta m_{t-4} - 1.198^{*}\Delta shzz_{t-1} - 1.364^{*}\Delta shzz_{t-2} - 1.064\Delta shzz_{t-3} - 0.687^{*}\Delta shzz_{t-4} - 12703.91^{*}\Delta r_{t-1} - 6617.783^{*}\Delta r_{t-2} - 7237.036\Delta r_{t-3} - 1164.674^{*}\Delta r_{t-4} - 94.996$$

$$\Delta r_t = -1.68e-05^{*}(m_{t-1} - 0.128^{*}shzz_{t-1} + 3485.609^{*}r_{t-1} - 223.2155) - 2.39e-06^{*}\Delta m_{t-1} - 1.25e-05^{*}\Delta m_{t-2} - 6.86e-05^{*}\Delta m_{t-3} - 5.69e-05\Delta m_{t-4} - 8.2e-06^{*}\Delta shzz_{t-1} - 1.45e-06^{*}\Delta shzz_{t-2} - 2.35e-05\Delta shzz_{t-3} - 3.15e-05^{*}\Delta shzz_{t-4} + 0.402^{*}\Delta r_{t-1} - 0.046^{*}\Delta r_{t-2} + 0.029\Delta r_{t-3} - 0.214^{*}\Delta r_{t-4} - 0.0003$$

从上式可以看出，股价指数和利率对并购活动有影响，各系数统计上都很显著。下面，我们将借助脉冲响应函数和方差分解来详细地刻画变量之间的短期动态关系。

3. 脉冲响应函数分析

根据上文所估计的误差修正模型，我们得到并购活动、股价指数和利率之间影响的脉冲响应函数如图 6.1 所示。

从脉冲响应函数图中可以看出，股票价格指数的正向冲击在短期内引起并购活动的下降，大约两个季度后并购活动又会有所上升。但上升幅度不大。可见，我国股票价格指数在短期内对并购活动有影响，但影响幅度很小。实际利率的正向冲击，短期内引起并购活动较大幅度的下降，在两期后基本趋于稳定。可见，利率与并购活动之间存在负相关的关系，且利率对并购的影响显著。同时，我们也可以考察并购活动对股价指数和利率的影响。从图中可以看出，并购活动的正向冲击短期内引起股价指数的下降，但在两期后又回升，且这种影响的幅度很小。并购活动对利率的影响有严重的滞后效果，并购活动的正向冲击在 3 期内对利率没有显著影响，只是引起利率的小幅度下降。然而在 3 期后，利率大幅度下降，直到 6 期后才回升，这再次说明在我国并购活动与利率之间存在显著的相互影响关

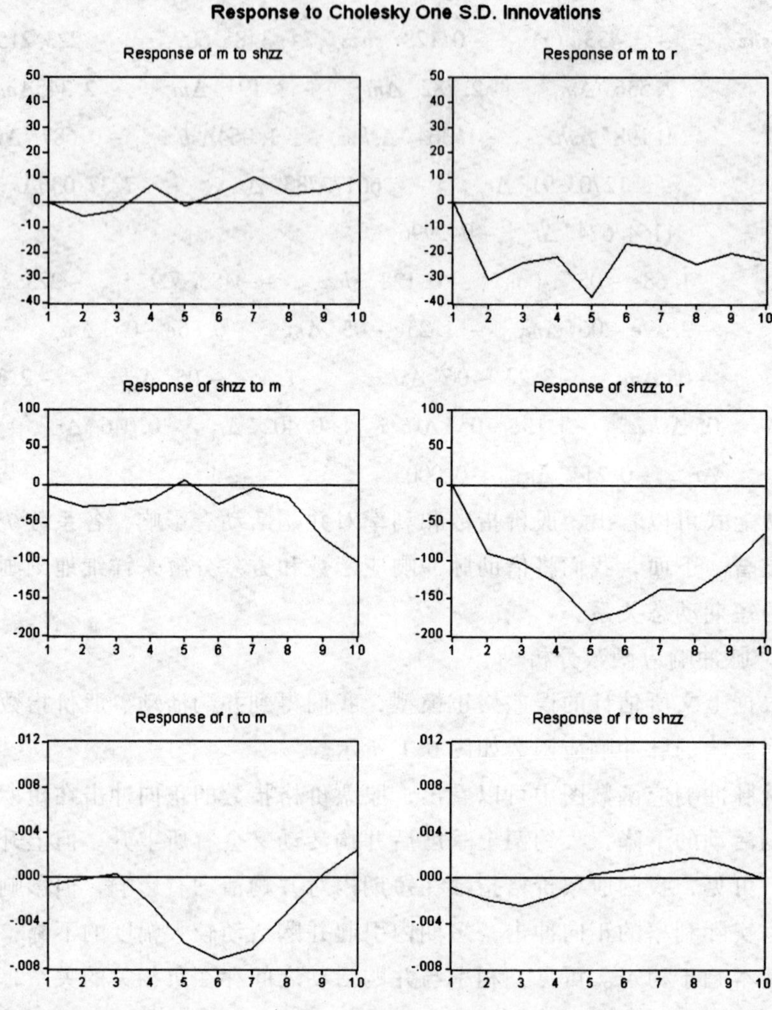

图 6.1　*m*、*r* 与 *shzz* 之间的脉冲响应函数图

系。由此可见，我国的情况不同于西方发达国家，股价指数在我国对并购的影响没有利率显著。股价指数、利率与并购活动的短期动态关系从利率与股价指数之间的影响中也可以得到印证：股价指数与利率之间存在负相关关系，股价指数对利率的影响幅度相对较小，而利率的正向冲击会引起股价指数的大幅度下降。接下来，我们将考察误差修正模型的方差分解。

4. 方差分解分析

根据所估计的误差修正模型，我们得到方差分解结果如表 6.9、6.10、6.11 所示：

表 6.9　*m* 的方差分解结果

时期	标准差	*m*	*shzz*	*r*
1	0.019298	100.0000	0.000000	0.000000
2	0.020587	79.03376	0.657300	20.30894
3	0.038000	76.64140	0.612474	22.74612
4	0.043380	72.48245	1.153377	26.36417
5	0.064850	61.04381	0.986668	37.96952
6	0.065911	59.20219	1.120946	39.67686
7	0.068906	56.72203	2.167752	41.11022
8	0.098724	53.42388	2.170100	44.40602
9	0.115213	51.30243	2.316671	46.38090
10	0.134719	48.92320	2.938869	48.13793

表 6.10　*shzz* 的方差分解结果

时期	标准差	*m*	*shzz*	*r*
1	0.04004	5.352412	94.64759	0.000000
2	0.06281	7.349911	35.54974	57.10035
3	0.07008	6.205516	25.72521	68.06927
4	0.07714	4.194497	25.16732	70.63818
5	0.08770	2.540390	18.29766	79.16195
6	0.10843	2.425877	15.41855	82.15558
7	0.13105	2.059227	14.75231	83.18846
8	0.15547	1.949930	13.49152	84.55855
9	0.29770	4.570997	12.77102	82.65799
10	0.31684	9.546358	13.47702	76.97662

表 6.11　　r 的方差分解结果

时期	标准差	m	$shzz$	r
1	0.003803	3.123383	5.545297	91.33132
2	0.006812	1.018521	9.790935	89.19054
3	0.009820	0.603963	11.06204	88.33400
4	0.012959	3.468431	7.742214	88.78936
5	0.016415	14.38595	4.864533	80.74951
6	0.019179	24.51631	3.721047	71.76264
7	0.020828	29.86715	3.561193	66.57165
8	0.021315	30.53828	4.154162	65.30756
9	0.021347	30.46486	4.412832	65.12230
10	0.021505	31.34416	4.348252	64.30759

从上表可以看出，在对并购活动的影响中，如果不考虑并购活动自身的贡献率，利率对并购的贡献率最大达到48%，而股票价格指数对并购的影响很小，贡献率一直在3%以下；对股票价格指数的影响中，利率对股票价格指数的贡献率最大达到84.6%，而并购对股价的贡献率最大也达到9.5%；并购活动对利率的贡献率较高，最大达到31%，而股票价格指数对利率贡献率相对较小，最大达到9.8%。

二　总体并购活动与货币供应量、汇率的短期动态关系

首先，对并购活动序列 m_t、实际汇率 hl_t 和实际货币供应量 $M2_t$ 进行协整检验，检验结果如表 6.12 所示。

表 6.12　　m_t 和 r_t、$M2_t$ 之间的协整检验结果

原假设	r=0	r≤1	r≤2
备选假设	r≥1	r≥2	r≥3
特征值	0.6294	0.5791	0.0775
统计量	42.6501**	20.8106	1.7738
5%临界值	29.7971	15.4947	3.8415

从表 6.12 中可以看出，在 1% 的显著性水平下，并购活动序列 m_t、实际汇率 hl_t 和实际货币供应量 $M2_t$ 存在协整关系，从而满足误差修正模型建模的要求，从而得到脉冲响应函数图（见图 6.2）。

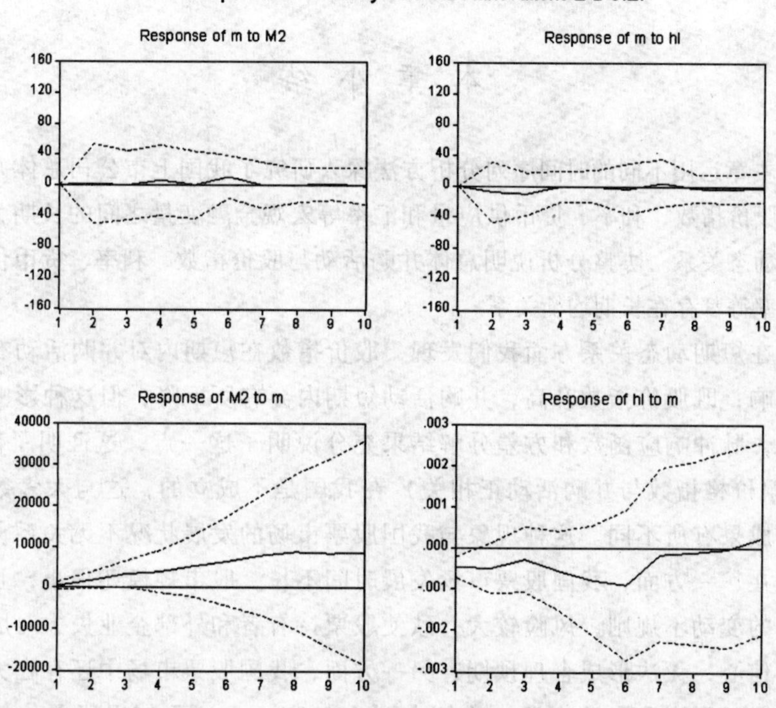

图 6.2　并购活动与实际货币供应量、实际汇率的脉冲响应函数图

从脉冲响应函数图中可以看出，货币供应量的正向冲击在短期内并不引起并购活动的变动，对并购活动的影响微乎其微，但在 4 期后会引起并购活动的略微增加，这说明，货币供应量可能通过利率传导对并购产生影响，而不能直接产生影响。可见，货币供应量对于总体并购活动的时间性的解释能力不强。实际汇率的正向冲击，短期内引起并购活动的下降，但

幅度很小，并在4期后衰减为零。可见，汇率与并购活动之间存在负相关的关系，但这种关系并不显著。同时，我们也可以考察并购活动对货币供应量和汇率的影响。从图中可以看出，并购活动的正向冲击短期内引起货币供应量的增加，且持续期较长；并购活动的正向冲击在短期内引起汇率的下降。然而在滞后6期后，衰减为零。但并购对汇率、货币供应量的影响传导机制还不清楚，有待于进一步的考察。

本章小结

本章运用不同的时间序列分析方法深入研究了我国上市公司总体并购活动与股价指数、利率、货币供应量和汇率等宏观金融变量之间的长期关系和短期动态关系。协整分析说明总体并购活动与股价指数、利率、货币供应量和汇率等都存在长期均衡关系。

在短期动态关系方面我们发现，股价指数在短期内对并购活动有着负的影响，既股价指数升高，并购活动短期内会有所下降，但这种影响幅度很小，脉冲响应函数和方差分解结果充分说明了这一点，这证明了假说1（股票价格指数与并购活动正相关）在我国是不成立的，这与大多数国外研究成果有所不同。这种现象与我国股票市场的发展状况不无关系，主要表现在，一方面，我国股票市场发展时间不长，股市规模还很小，且股票价格的变动不规则，风险较大，致使股票持有者和外部企业失去对股票预期的信心，无法形成合理预期；另一方面，我国股票市场中还存在大量不可流通的国有股和法人股，比例占到60%以上，这更使得股票价格指数的变化很难对总体并购活动产生短期动态影响。全球并购浪潮中反映出的股票价格的上升使得企业能利用这一非对称信息及暂时收益进行以股票支付方式的并购活动的现象在我国也不成立，我国上市公司股票价值被高估时，不是进行有价值的并购活动，而是选择增发股票（如配股）圈钱，但圈钱后又不能很好地使用。

另外，根据脉冲响应函数和方差分解的结果，我们发现并购活动的正向冲击短期内引起了股价指数的下降，但这种影响效应持续时间很短，幅度也很小，即并购对股价指数的影响并不显著，这证明了假说2（并购活动能引起股价的变动）在我国几乎也不成立，这从某种程度上说明了我国股票市场没有达到弱势有效状态，而且财务协同效应中的预期效应在我国并不明显。但需要说明的是，我们研究并购与股价指数的关系是从宏观的角度，所得结论并不适用于微观研究。

实证结果表明，并购活动与利率之间在长期内存在共同的趋势，两者之间有着长期均衡关系；短期内两者也存在显著的负相关关系，即实际利率的正向冲击短期内会引起并购活动的大幅度下降。方差分解结果也表明，利率对并购的贡献率最大达到48%，接近50%。可见假说3（并购活动与利率负相关）在我国是成立的，并购活动的周期波动在很大程度上要受到利率的影响，即如果利率升高，我们就有理由预期到并购活动的下降。这表明，利率是一种经济调节手段，对企业的经营活动起着重要的杠杆作用，是企业配置资金的指示器。利率的高低与投资需求成反比，也与并购成反比关系。这也说明了资本成本假说在我国可能是成立的，即资本的实际成本影响并购的时机、财务成本及预期收益。到目前为止，我国绝大多数并购是现金并购，收购中借款现象严重，利率的上升就会提高资本成本，影响并购活动的盈利性，从而导致并购活动的下降。

并购活动与货币供应量、汇率之间的长期关系和短期动态关系检验结果表明，在长期中，货币供应量与并购活动有长期均衡关系。短期里，货币供应量对并购活动的影响微乎其微，但在4期后显示与并购活动正相关的关系，这说明假说4（货币供应量与并购活动正相关）在我国能找到微弱的证据。同样，实际汇率与并购活动也存在长期均衡关系。然而，在短期里，实际汇率表现出与并购活动负相关关系，但这种关系并不显著。可见，假说5（汇率与并购活动负相关）在我国成立的证据也很微弱。实证检验结果还表明，并购活动的上升短期内引起货币供应量的增加，而引起汇率的下降，但并购对汇率、货币供应量的影响传导机制还不清楚，有待于进一步的考察。

另外，国外研究中还有检验并购活动的支付方式是否决定了利率与并购的关联程度和方向，结果表明，现金支付方式的并购活动与利率等宏观变量之间的关系比证券方式的并购更显著，我们鉴于以上分析的原因认为这是有道理的，遗憾的是，由于我国绝大多数并购[①]都是现金支付，而证券并购或别的支付方式的并购相对较少，这决定了用我国的数据无法对该假说在我国的成立与否作出检验。对于国外研究文献中提出的证券并购与利率关联性的假说也无法作出检验。此外，随着我国企业跨国并购的增多，汇率的变化对并购活动的影响将逐渐提高，是以后并购与宏观金融变量关联性研究的重点内容之一。

① 根据国泰安并购重组数据库的统计数据得知。

第七章

我国上市公司总体并购活动的影响因素分析

——对我国总体并购活动时间性的成因解释

并购活动的时间性及并购浪潮发生的原因是金融经济学至今仍未解决的十大难题之一（Brealey and Meyers，1981）。关于并购活动的时间性特征，本书前面章节已详细探讨，包括对并购浪潮假说的检验，以及对总体并购活动的时间序列特征和周期特征的刻画等。另外，对并购周期与经济周期关联性的分析，以及对并购活动与宏观经济变量，如股价、利率、汇率和货币供应量之间关系的实证研究给出了并购浪潮形成及并购时间性特征的部分解释。

一般的，关于并购活动为什么发生，理论界大都从以下两个角度进行分析：一是从公司的角度，比如效率理论、市场势力理论、代理理论等；二是从宏观经济的角度探讨并购活动与工业产值、股票交易及价格、行业合并以及利率等经济周期变量的关系。国内外并购动因理论文献回顾也表明，影响企业并购的因素多种多样，包括新古典经济学、委托代理理论，以及新制度经济学的观点。可以说，以上解释都有其各自的道理，依靠任何单独一方都可能发生偏颇。而且，前面对宏观经济金融变量的考察也说明影响并购活动的因素较为复杂，对其分析应该从宏观和微观两个角度同时入手，只有将这些因素结合在一起才能够为企业总体并购活动时间性的成因提供较好的解释。我们在此不再对这些理论本身进行研究，而是以此为基础，借鉴全球五次并购浪潮分析成果，认真总结前面章节的实证研究结论，系统地给出我国总体并购活动时间性特征的原因解释。

第一节　宏观层面的成因分析

为了能够给出清晰的成因分析，本章将从宏观层面、中观层面和微观层面的角度分别论述，除此以外，本部分最后将从企业并购边界角度给出影响企业并购选择的因素及影响机制。首先进行宏观层面的成因分析如下：

一　经济周期的影响

全球五次并购浪潮的实践证明，并购周期与经济周期关系紧密，经济周期能够对并购周期产生重要的影响。全球并购的兴起与衰退伴随着世界经济周期高峰与低谷的轮回而交替。同时，随着经济周期的变动，宏观经济变量的变化对企业并购活动也产生周期性变动。

经济周期波动一般可划分为两个时期：一是经济扩张期，二是经济收缩期。扩张期又可分为复苏和高涨，而收缩期可分为衰退和危机。企业并购作为资本集中以及投资的一种方式，往往发生在经济的复苏期和衰退期，因为当经济呈现复苏时，一些优势企业就会抓紧时机吞并那些困难重重的企业，以便迅速扩大自己的实力，抢占市场。19 世纪 90 年代，西方经济达到谷底，之后经济开始复苏，20 世纪初恰好是第一次企业并购浪潮。20 世纪 20 年代，西方经济走向峰顶，之后开始下降，这时出现了企业并购活动的第二次浪潮。美国并购的第三次、第四次以及第五次浪潮同样如此。由此可见，（1）并购是对经济和商业环境变化的反映；（2）并购的发生是抓住机会。

对我国并购周期与经济周期关联性的实证研究结果表明，我国的并购周期与经济周期之间具有关联性。特别是 1998 年以来，我国并购浪潮虽然领先于经济周期波动大约 4 个季度，但并购浪潮与经济周期波动保持时间上的对应性。正是受到宏观经济周期波动的影响，我国的总体并购活动呈现出浪潮式的发展。同时，与经济周期的同步性也能够为并购周期非对称特点提供部分解释。

二　货币金融变量的影响

通过对五次并购浪潮的分析发现，货币金融变量的变化对并购活动产生了重要的影响。一方面，高涨的股价指数刺激了并购活动。另一方面，利率是一种经济调节手段，对企业的经营活动起着重要的杠杆作用，是企业配置资金的指示器。利率的高低与投资需求成反比，与股票价格成反比。与之相联系的，利率与并购同样成反比关系，利率高，并购量小，利率低，并购量大，这是因为并购投资需要贷款才能予以实现。利率高导致并购成本高，并购成功率就低，反之亦然。

对我国并购活动与股价指数、利率、货币供应量和汇率之间关联性的实证研究结果表明，股价指数在短期内对并购活动有着负的影响，即股价指数升高，并购活动短期内会有所下降，但这种影响幅度很小，这种现象与我国股票市场的发展状况有关；并购活动与利率之间在长期内存在均衡关系，短期内两者也存在显著的负相关关系，即实际利率的正向冲击短期内会引起并购活动的大幅度下降。并购活动的周期波动在很大程度上要受到利率的影响，即如果利率升高，我们就有理由预期到并购活动的下降。同样，并购活动与货币供应量、汇率之间的短期动态关系检验结果表明，短期里，货币供应量对并购活动的影响微乎其微，而实际汇率在短期里表现出与并购活动负相关关系，但这种关系并不显著。可见，货币金融变量的波动对并购浪潮或并购周期波动有一定的解释能力。

三　行业冲击的影响

按照 Mitchell 和 Mulherin（1996）的定义，行业冲击是指任何可被预料到的或预料不到的能够改变行业组织结构的因素。技术变革、政府政策、组织革新、金融创新、全球化倾向甚至石油价格的变动等都可以视为行业冲击。而行业结构则为技术、政府政策、需求、供给等因素的函数，可以通过公司数量和规模来表现。冲击因素和行业结构调整构成一个稳定的函数关系，当某种因素冲击了某个行业，引起该行业结构模型的构成要素发生变化，行业结构随之改变，表现为行业内公司的规模和数量要进行相应的调整，而并购活动是公司进行调整的主要方式。比如技术变革会提高公司的生产效率，使得现有的资源得不到充分利用，这会引发公司扩大规模。而公司规模的扩大可以通过两个途径来完成：一是内部扩张，二是通过接管。根据 Mitchell 和 Mulherin（1996）模型的假设，企业会选择成本最低的并购活动来扩大公司的规模。同样的，需求和供给条件的变化也可以引发并购浪潮。需求的下降一方面将使行业内的某些企业发生亏损进而被关闭，另一方面行业内剩下的企业为了达到冲击以后的最优生产规模，也会实施并购活动。

回顾全球五次并购浪潮可以发现，行业冲击是推动并购活动发展的重要因素，这里主要讨论放松管制和政策变化的影响。

一般来讲，放松管制是最直接的行业冲击因素。它不仅创造了新的投资机会，也为并购活动消除了障碍。Andrade、Mark Mitchell 和 Erik Stafford（2001）研究发现，在 20 世纪 80 年代，只有 10%—15% 的并购活动发生在放松管制的行业，而在 20 世纪 90 年代，放松管制的行业的并购活动的价值几乎占总的并购活动价值的一半。Jurn Kleinert 和 Henning Klodt（2002）对欧洲并购活动的研究也得出了相似的结果。在欧洲建立共同市场过程中，许多国家面临政策的调整。放松管制政策主要集中在网络行业、交通和金融领域，而并购活动成为这些行业进行调整的主要选择。

在最近一次全球并购浪潮中，美国许多服务业，如传媒和电信、金融服务、公用事业、医疗保健等，对于取消行业内并购活动管制和相关方面的政治局势变化非常敏感，借此展开了新一轮的并购活动。比如，在美国国会 1996 年对《电信改革法案》重新制定之前，各类电信公司只能在自己固定的活动领域内经营，而该法案修订后则打破了这一限制，行业结构随着规则的放松和并购活动的兴起而发生了巨大变化。

全球并购浪潮同样表明，政府存在于交易活动的背后，从证券和税收法律建立的各种规则，到调整行业结构的各种政策，再到直接干预，政府力量在并购活动中渗透，影响到交易的结构、速度和规模。

在我国，放松管制和政策变化推动我国并购活动发展的现象已经在当前并购中有所显现。首先，1998 年以来，我国上市公司总体并购活动之所以呈快速上升趋势，主要由于以下几个方面：第一，1997 年十五大报告明确提出了企业改革的方向是“实行鼓励兼并，规范破产、下岗分流、减员增效和再就业工程，形成企业的优胜劣汰的竞争机制”，从而为上市公司并购提供了政策支持。第二，1998 年《证券法》关于上市公司收购的规定有较大突破，为上市公司收购提供了更宽松的法律环境。第三，1999 年政府退出竞争性经营领域政策的出台为已陷入经营困境的上市公司产权重组扫除了制度障碍。第四，2001 年 11 月《亏损上市公司暂停上市和终止上市实施办法》的实施，为其他非上市公司买壳上市提供了广阔的市场。第五，许多地方政府为吸引外来投资，取消了以往本地区上市公司股权不得向外地公司转移的限制，为跨地区并购消除了障碍。2002 年一系列的政策法规，开创了我国上市公司并购的新局面。在春节后，沪深交易所取消了 ST 股和 PT 股净资产须达到 1 元以上方可恢复上市的限制，规定只需半年真正盈利，即可恢复上市，这表明政府对并购最大限度的鼓励和支持。2002 年 10 月 8 日对外公布的《上市公司收购管理办法》和《上市公司股东持股变动信息披露管理办法》，以及 2002 年 11 月 1 日，中国证监会、财政部、国家经贸委发布的《关于外商转让上市公司国有股和法人股有关问题的通知》为上市公司的并购活动提供了政策依据和有效的制度安排，同样，也为民营企业参与上市公司并购扫除了障碍，推动了民营企业并购的发展。2002 年 11 月 8 日公布的《合格境外机构投资者境内证券投资管理暂行办法》，使外商并购上市公司进入了实质性的实施阶段。除此以外，我国政府在必要的管制和政策调节下积极促进，甚至参与企业的并购活动，这是我国近年来并购浪潮形成的直接原因。

其次，一些行业放松管制的政策，如《指导外商投资方向规定》、《外商投资产业指导目录》、《外资参股证券公司设立规则》、《外资参股基金管理公司设立规则》和《外商投资民用航空业规定》等直接推动了外资并购在相关行业的发展。目前发生的制造、食品、电信、银行的外资并购与行业政策的放开有着密切的关系。

另外，政府的一些倾向性政策（如优惠政策）也是促进并购浪潮的因素。1998 年，政府专门拿出 400 亿元资金用于支持优势企业并购亏损企业。许多上市公司并购其他企业后，执行 15% 的所得税税率。一些当地政府还制定了本地并购企业免收前几年所得税的优惠政策，实行免息、停息政策；此外，还有银行低息贷款、财政补贴等优惠政策。有些企业就以此为目的，并购这些享受财政补贴的亏损企业和享受减税的其他企业。

第二节　中观层面的成因分析

本节主要分析产业或专业市场层次的影响因素，主要包括产业结构调整战略、我国资本市场的特征及资本市场的创新和发展所带来的影响。

一　产业结构调整战略的影响

全球并购浪潮的经验表明，并购是实现产业结构调整的强有力的手段。在美国工业化的最初过程中，第一次并购浪潮起到了重要的推动作用，特别是并购活动形成了一些大公司，包括铁路、钢铁、炼油等工业领域内的垄断企业，是推动美国工业化进程的主力军。20 世纪 20 年代的产业结构巨变中，很难说是并购浪潮推动了工业的发展和产业结构的调整，还是产业革命引发了并购浪潮，或者两种力量都存在。当时美国主要工业领域内的发展，几乎都伴随着并购活动的出现，追求规模经济带来的成本和效率优势是最主要的原因。20 世纪 60 年代和 70 年代，从前被美国公司垄断的行业受到越来越多的外国竞争者的冲击，而几个关键部门却由于市场的饱和而地位下降，比如钢铁和汽车行业。另一方面，中小公司和中等规模的公司却获得了突飞猛进的发展，并且出现了许多新兴产业，如有线电视、无线通信、家用电器和电脑等行业都已经发展成为新的重要的经济部门。新兴行业的增长与其他行业的饱和同时存在，这种局面极大地推动并购活动的发展。

既然并购活动是实现产业结构调整的有效手段，所以并购活动的发展就会受到国家产业结构调整战略的影响，这是我国并购浪潮发生及并购周期特征形成的一个重要原因。当国家的产业政策加强某一行业的调整时，该行业的并购活动就会增多。如1997年底，中央经济工作会议中提出的“国企三年脱困，纺织业作为突破口”的会议精神，大大推动了1998年上市公司并购热潮的形成，产生了龙头股份等五家纺织类公司的并购重组和增发股份。这一次大规模的并购第一次将促进产业结构调整和产业升级的任务赋予到上市公司的并购中，从而将以往单纯以保“壳”、保“配”为目的的公司并购的经济内涵进一步丰富化。近年来，随着国家产业结构调整的加强，总体并购活动也异常活跃。

二　资本市场创新和发展的影响

企业并购自身是一种资本的运动，这种运动的最终完成必须借助于资本市场，发达而完善的资本市场是企业并购的必需条件。从全球五次并购浪潮的发展历程来看，并购和资本市场是密不可分的。例如，19世纪末20世纪初，工业股票的上市为企业并购打开了方便之门，成为促进第一次世界范围并购浪潮的重要因素。在这次并购浪潮中，60%的并购事件是在纽约证券交易所进行的。其余各并购高潮中，并购的主战场无不发生在资本市场高度发达的地区。以美国和欧盟为例，1998年，美国跨国并购的买入额为1467亿美元，占当年全世界买入额的24.3%，卖出额为2248亿美元，占当年全世界卖出额的37.2%。2001年1—9月份，欧盟跨国并购买入额为6646亿美元，占当年全世界买入额的74.5%，卖出额为5191亿美元，占当年全世界卖出额的58.2%。

我国的企业并购和资本市场也是密切相关的。1988年我国出现了证券市场，在这一年，我国的第一次并购浪潮兴起。随着证券市场逐步规范，市场规模逐渐扩大，我国先后出现了第二次、第三次并购浪潮。近年来，我国在这方面取得了更显著的成绩，逐渐使资本市场得到了进一步发达和完善，企业并购活动也越来越多。同时，金融工具的创新、中介机构（包括会计师、律师、投资银行）作用的增强一方面降低了企业并购的成本，推动了企业并购的规模，另一方面也使得企业并购的技术和反并购的技术竞相提高，使企业并购活动更加复杂、激烈。

一般来讲，资本市场的发展对并购活动的推动作用主要体现在如下几方面：（1）通过资本市场进行并购加快了企业扩张的速度；（2）资本市场是企业并购融资的重要渠道；（3）通过资本市场，主并企业更易于确定目标公司，降低搜寻信息成本；（4）资本市场提供了许多并购方式，使企业并购变得易于操作；（5）企业通过资本市场进行并购，可以有效地减少并购双方的损失；（6）通过资本市场，并购企业可以有效地降低风险。

三　非有效市场的推动

有效市场假说认为，投资者是理性的，市场是有效的，证券的市场价格等于基本价值，不存在因价格被高估或低估而产生的超额利益。即使存在部分非理性交易者的错误定价，也会被理性投资者的套利操作消除。实际上，由于投资者存在过度自信、损失厌恶、从众心理等认知偏差，他们的决策过程常常偏离了最优决策过程，导致对金融资产的错误定价和对金融资产的选择偏差。大量的实证研究也证明了市场的非有效性和非理性投资者的存在。

在非有效市场的前提下，股票市场对并购企业、目标企业和整合后的企业价值的错误估计（misvaluation）会推动并购交易的进行。Brealey 和 Myers（2000）讨论“解鞋带”博弈，结论是 60 年代的多样化繁荣是基于天真的投资者对市盈率的错误认识。Shleifer 和 Vishny（2003）的价值错估假说也认为美国公司 20 世纪 60—70 年代不相关多元化并购、80 年代 LBO 和 90 年代后期相关并购都是受股票市场对企业价值错误估价驱动的。

对并购双方的错误估价还会影响交易方式和成功的可能性。现金收购源于并购公司可以用低于基本价值的价格收购目标公司；股票收购则是被高估的并购方以他们的资产作价来换取目标公司的高估程度相对较低的资产，从而获得有利的实际交换比率。如果目标公司也被高估，就易于接受并购，因为这给了目标公司管理者将流动性低的股票或期权变现的机会。一般而言，目标公司被高估的程度越高或被低估的程度越低，目标公司管理者就越愿意变现，并购成功可能性就越大。

我国的证券市场以中小投资者为主，非理性特征明显，低估或高估上市公司价值是常见的现象。而且，中小投资者普遍反映出“心理群体”的服从性，即对“权威”的崇拜，由此带来投资理念统一性及投资行为的一致性，“羊群效应”显著。这种错误定价的羊群行为极大地推动了股票市场驱动的并购活动。纵观这些年上市公司的并购重组，每一轮的高潮大多与某个“概念”相关，而且题材也在不断创新，从以前的科技股“买壳上市”或“借壳上市”，到2004年的外资并购概念、回购概念，以及要约收购、定向增发、吸收合并、整体上市与分拆上市等各种金融创新概念都成为市场追逐的热点，多样化的股票市场热点“概念”带动了上市公司并购。

第三节　微观层面的成因分析

企业并购浪潮是由一起起孤立的企业并购叠加而成，并购周期的非对称性也是个体企业并购选择的综合。为此，企业并购浪潮、并购周期特征除了受到宏观层面、中观层面因素的影响和驱动外，还将受到来自微观层面因素的影响，这些因素的影响更具有直接性和根本性。

一　获取垄断利润、增强竞争优势是企业并购的根本目的

企业得以生存和发展的关键在于利益机制的驱动，随着现代公司的发展，规模经济效益愈显重要。经济学原理证明，旨在通过并购达到规模经济和垄断是有利可图的。企业作为一项小小的风险事业兴办起来，如果最初在市场上站住脚，就会逐渐扩展和成长，其速度则取决于企业的扩张能力，如果条件成熟，扩张成功，这个企业就会发展成一个大企业。事实上，任何一家美国大公司都是通过某种程度、某种方式的并购，而不是靠内部扩张发展起来的。从19世纪90年代初美国出现的并购小高潮到20世纪90年代出现的席卷世界的并购浪潮，五次并购浪潮虽然在并购的主要形式、产业分布、地区分布和交易量上有所差别，但最本质的目的性没有任何改变，这就是追求资本的集中并尽可能地获取垄断利润，这又取决

于并购后形成的企业在规模上的垄断地位或者技术以及管理资源等方面的垄断地位。追求更大规模的经济控制力、最大程度的垄断利润率，一直是各种并购活动的根本动因。

在我国，目前的企业并购，无疑都是根据宏观经济发展及国家宏观及产业政策的动向，试图通过组织结构的调整，来扩大企业规模，从而获得在市场上的竞争优势，寻求更为有利的快速发展的途径。

二 “壳”资源的保持

根据《证券法》和《股票发行与交易管理条例》的规定，上市公司如果连续三年亏损，其股票将被中止在证券交易所的交易。由于上市公司取得发行额度十分不易，一旦被“摘牌”，不仅失去向社会筹资的资格，而且会损害到股东、债权银行和地方政府的利益，因此，上市公司和相关利益主体会采用各种手段来保护“壳”资源。其中一种最常用的手段就是并购重组，然后进行关联交易，在交易中关联方把利润转移到上市公司，以达到不被摘牌的目的。我们知道，近些年来的每年第四季度，上市公司并购重组活动非常频繁，很明显，其中部分并购重组的目的仅仅是为了“保牌”。这种并购重组常被人们称为“报表重组”，这是我国证券市场上出现的一种特有现象。这种现象通常发生在利润率较低的行业，这正是零售批发和综合类行业上市公司发生并购重组活动较多的主要原因之一。

三 “壳”资源及其他资源要素的获取

按照股票交易所以及证监会的规范要求，公司具备较为严格的条件才能上市，而希望上市的企业数量众多，导致许多企业被挡在证券市场门外。因此，上市公司的“壳”资源非常稀缺。通常，非上市公司收购上市公司股权，主要是为了获得其“壳”资源，而对其资产质量与经营业绩不太关注。

到2000年，证券市场上借“壳”、买“壳”数量大大增加，全年涉及上市公司控制权转让的并购重组达100余家。这是因为，随着上市公司的增多，陷入经营困境的上市公司数量也在不断增加，为了保“牌”和保“壳”，不得不从外面引入有实力的战略股东实施重组。同时，由于企业在发行上市以前，必须先改制成立股份公司，再由券商至少辅导一年，延长了企业发行上市的周期，管理层还相继出台了增发新股的政策，即实施重大资产重组且符合其他条件的上市公司可以增发新股，这无疑给非上市公司企业通过买“壳”、借“壳”上市提供了一个契机。

另外，近年来，对目标公司资产或资源的获取也是推动我国并购浪潮的重要原因。我国企业并购中的优势企业在选择并购对象时，总是挑选那些要素资源丰富的，尤其是有大量的土地使用权的企业作为目标。这些目标公司虽然由于经营不善而长期亏损，但却占有大量的固定资产、土地、资金等，因为企业并购多处于同行业内，由行政主管单位牵线，并购多采用无偿划拨或有偿并购方式。且土地最初是由国家无偿拨付使用的，在具体实施并购时，对被并购企业的土地使用权往往不评估或低价评估，这样并购企业可以通过并购以极低的价格获取所需要的生产要素，扩大生产规模。

四 管理者过度自信行为的影响

公司管理者的过度自信是并购的另一主要驱动力。心理学研究发现，人们通常高估自己的能力，并且会将好的结果归功于自己的行动，而将坏的结果归于机遇或运气。管理者比普通人更易于表现出过度自信，尤其是对自我判断的过度自信。这可以解释并购价格过高，且并购没有增加并购方股东收益的异常现象。并购方的管理者若过度自信，就可能高估并购的潜在价值，低估并购可能的破坏性，因为他相信自己的能力必定高于目标公司目前的管理者。同时还会认为外部投资者低估公司的价值，这使得他在发行股票为并购融资之前，会耗尽他所能得到的所有内部（未稀释）资产。因此越是在现金充足、债务状况良好的公司，并购对原公司股东的损害效应越突出。目标公司管理者也会存在过度自信的倾向，因此对并购产生敌意，并抵御并购的进行。二者博弈的最终结果是并购价格被进一步推高。

考察我国现已发生的上市公司并购活动，会发现大多数并购属于“壳”资源类的并购，这类并购的价格始终居高不下，甚至连ST、PT公司也是如此，一定程度上反映了并购双方的过度自信。目标公司认为上市公司的“壳”资源相对稀缺，特别是监管部门出台重大资产置换可以申请增发新股进行融资的规定后，进一步提高了“壳”资源的价值，因而在交易过程中往往要求更高的并购价格和更严格的支付条件。并购方出于对自身经营管理能力的过度自信，往往会忽视上市公司质量的真实性以及国有股减持政策等有关政策法律的限制，以过高的价格达成交易。此类交易对并购方而言风险大，成本高，并购的绩效和对股东的影响不容乐观。

至此，本章已经给出了我国总体并购活动时间性特征形成的主要原因及解释，但要达到对我国并购活动的发生及演进的全面理解，还应借助并购边界的分析，从更微观的角度来审视企业选择并购的影响因素。

第四节　并购边界角度的影响因素分析

企业为了加强资本集中，扩张规模，追求垄断利润，并购与新建投资始终是两种常见的选择，而如何在两者之间作出判断，就是并购边界所要研究的问题。本部分在邓宁的跨国理论基础上，分析了影响企业并购边界的各种因素。总结起来，这些因素主要可以分为企业内部因素与企业外部因素两个方面。

一　外部因素

1. 市场增长率

并购与直接投资的基本区别就是并购是对于市场存量的一个调整，而直接投资新增了市场中的供给。根据西方经济学的基本理论，在市场容量一定的情况下，单纯的增加供给，为达到新的均衡，必须降低价格以扩大需求，而这是投资方不愿意看到的。因此，我们认为市场增长率高的情况下，市场容量是在不断扩大的，此时更倾向于通过直接投资进入市场。而市场增长率低的情况下，市场已趋向饱和，此时，企业通常会通过并购优化资源配置，进行现有生产能力的调整。

2. 市场竞争状况

产业集中度是指产业内企业分布的规模结构，它主要有两大指标，即绝对集中指标（Industrial Concentration）和相对集中指标（Summary Concentration Index）。绝对集中指标是指某一产业市场中，规模（一般用销售额，也可以用资产、收入以及劳动力数量等指标）以上少数几家最大企业的市场占有率。通常使用的产业绝对集中度是最大四厂商集中度（CR4）和最大八厂商集中度（CR8）。贝恩对制造业的集中度进行分析后，以市场占有率为基准提出了他的基本标准相对集中度指标（Summary Concentration Index），则是反映产业内企业相对集中度的指标。通常以洛伦茨曲线（Lorenz Curve）以及以洛伦茨曲线为基础的基尼系数（Gini Coefficient）来表示。

通常来讲，产业集中度高的行业中，前几家企业的市场占有率较高，一般来说，已经形成了规模经济，并形成了自己的营销策略和客户群体。对于投资者来说，进入时如果采用新建投资的方式，则要面临两个方面的风险：一是几家市场占有率高的企业为了避免利润的摊薄，对新入者采取联合的抵制行动；二是与已经形成规模经济的企业相比，新入者在初期所面临的竞争更加激烈。基于以上考虑，投资者一般会采用并购方式，而不是直接投资。

3. 财务因素

一方面，企业的资本成本作为企业盈利性的一个核心因素，对投资者的投资决策有着很重要的影响。拥有较低资本成本的企业往往会选择新建投资而不是并购，因为他们往往已经接近了规模经济。也就是说，资本成本高的企业可能选择并购来作为降低其资本成本的一个机会，在作出投资决策时更倾向于优先考虑对资本成本低的企业进行并购，而不是进行直接投资。从这一角度来看，投资方与目标方在资本成本方面的差距在很大程度上影响了投资方式的选择。这是因为，如果目标方的资本成本远低于投资方，企业可能出于降低资本成本的考虑，选择并购。

另一方面，股票价格并不总是反映企业的真实价值。一家企业的管理不善、资本市场不完全等都可能使收购一家价值被低估的公司获得短期资本收益，或可能影响到预定的并购时机选择。在资本市场不发达的国家或在发生金融危机时，证券投资型并购就很有可能发生，而这往往也会影响到企业的投资决策。此外，有些并购是出于税收的考虑，如利用未使用的税收优惠等。有研究表明①，在第二次世界大战以来的并购高潮中，西方国家尤其是美国的并购企业大都实现了合理避税，充分利用了预期效应带来的投机机会。

4. 市场需求波动率

一般来说，如果要进入需求多变的产业，企业往往更倾向于并购。因为需求多变的产业中，新入者的经营风险高。并购可以使新入者迅速占领市场一席之地，能够更好地应对需求变化。相反，对于需求稳定的产业而言，企业往往能够形成更有效的预见和计划，可以通过新建进入市场。

5. 资源的限制

行业的核心竞争力在于它的主要产品，而产品的形成是依赖于特定的资源。根据资源特点的不同，企业的投资偏好也有所不同。从另一个角度讲，投资的选择受到了客观条件的制约，而这一制约，正是由于资源的特殊性质造成的。对某些资源来说，有数量上或是位置上的自然约束，使企业获得资源的可能性受到了限制。在这种情况下，通过并购的倾向性要高于进行新建投资的倾向性。根据自然垄断理论，某些行业的企业具有先入优势，也就是在市场有限的情况下，只能通过市场中的存量调整来完成资源的优化配置。换句话说，企业在进入资源受限的行业中时，往往只能选择并购作为投资方式。

二　内部因素

1. 区位优势强度

Rugman 和 Verbeke（1992）将国际生产中的所有权—位置—国际化理论（即 OLI 范式）应用于不同类型企业的国际化战略选择之中，他们的分析假设投资是以最有效率的方式进行的。他们把所有权优势（又称为公司特有优势）

① 胡峰：《跨国企业在华并购问题研究》，华中师范大学博士学位论文，2003 年。

分为两类，第一类是只能应用于特定位置的（公司所在地），他们不能被轻易地进行转移和应用于其他方面；另一类是没有界限和位置限制的，可以以很低的成本转移到其他地方，这是公司国际化战略的基础。虽然对于公司进行对外投资的方式的解释有很多，但最普遍的解释是投资者可以通过它来以较低的成本获取公司所需的特有资产（Hymer，1960、1976；Caves，1971）。如果公司的优势是可转移的，它进行投资的方式就会更倾向于建立一个完全所有的子公司（WOS）：公司使用目标市场的资源建立一个新的实体，并持有其100%的权益。投资者将保持公司特有的优势，然后利用新的实体拓展目标市场（Hennart and Park，1993）。如果公司的优势是不可转移的，则投资往往通过收购目标市场中已有的公司来实施（全部的或是部分的）。通过收购，投资者可以拥有被收购资产的全部或部分控制权，它们可以将自己的特有能力与这部分控制权所支配的资产相结合。

2. 人力资本集中度

从企业资本性质的角度讲，企业分为物质资本集中型（Physical Capital Intensive）和人力资本集中型（Human Capital Intensive）两种。在选择投资方式时，物质资本集中型企业倾向于新建，人力资本集中型企业倾向于并购。原因是知识可以分为两种——显性知识和隐性知识。显性知识可以通过语言、手册等手段传播转移，而隐性知识需要理解和经验吸收，不易转移。物质资本集中型企业更大程度上拥有显性知识，知识转移是有效的，所以往往选择新建方式。人力资本集中型企业主要拥有隐性知识，由于其“内部黏稠”的特性，传递这种知识即使在同一国家，也是非常困难的。

3. 战略资产的可转移性

战略性并购最重要的动机是通过并购获取目标公司的战略性资产，从而保持和增进竞争优势。战略性资产包括研究与开发能力、技术诀窍、专利、商标、供应商网络、营销网络等[①]。这些战略性资产或者是并购企业

① 一般意义上来说，战略资产可能还包括人力资本。但是由于人力资本既有行业特性，又有企业特性。相比较而言，因为人力资本的密集程度往往很大程度上取决于行业特点，所以行业特性的影响更大一些。由此，我们把这一因素放到行业特性中进行考虑。

难以得到的（如目标企业的商誉），或者是并购企业难以短时间内形成的（如营销网络）。并购这些战略性资产会使公司迅速进入当地市场，获取目标企业的技术和营销网络，实现双方管理和经营优势的结合，达成规模经济。

在所有战略性资产中，技术占有特殊的地位。现代企业之间的竞争主要表现在技术上的竞争，企业通过并购能获取或发挥技术上的竞争优势，增强其核心竞争力。采用并购方式可直接获得被收购企业的技术、专利及有关的专业技术人员，这将有利于并购企业向陌生领域的扩展，节省研发费用，减少技术开发中的时间风险和失败风险，或迅速实现技术的升级和赶超。

目标方战略资产越多，越倾向于并购。

4. 主营业务多样化程度

根据 Zejan（1990）对企业进行海外投资时，国际并购和新建投资方式选择问题的研究，投资企业为了稳定追求地域区别与产品区别的多样化，更多地采用并购作为投资方式。Caves 和 Mehra（1972）分析结果发现，相对于在海外的规模而言，美国市场上的最初经营规模越大、越是形成了多样化的企业，更加倾向于选择并购。所以，我们可以说具有广泛的子公司网的、可提供多种产品的企业，更加倾向于选择并购作为投资方式。Caves（1976）的研究还主张，企业进行前后型投资时，很少通过国际并购方式进入海外市场。并且，一个企业的海外投资对象业务与国内业务的关联性越小，海外业务的不确定性越大。所以，企业宁可多付出代价，也不愿采用新建投资方式，而是通过国际并购进入海外。Wilson（1980）分析结果表明，产品多样化越高的企业，越是倾向于并购。这与过去得出的并购成为产品多样化的一种途径的结论相一致。

5. 企业并购经验

Po-Lung Yu（1980）在研究个人发展时指出："好智力不如好习惯"，个人的习惯性行为来自其习惯领域（Habitual Domains），有一个丰富的习惯领域是一个人发展的潜能，而作为有机整体的企业组织也是如此，其模式（方法、方式）制度、文化也出自其企业组织惯域，因此变革、创新制度、文化的关键是不断丰富、改善企业组织惯域，企业持续发展的关键是企业有一个不断完善的惯域。从这一角度来说，企业在完成了相似的数次决策之后，在以后制定决策的过程中，也更倾向于采用相似的决策。换句话说，企业如果曾经进行过数量相对较多的并购决策之后，以后的决策也往往会倾向于采用并购而不是直接投资，从而形成自己的企业组织惯域（EOHD）。而企业组织惯域一旦形成，如果没有较强的外界冲突，是很难加以改变的。

另一方面，作为投资的一种方式而言，不管是国内企业间形成的并购，还是国内企业对海外企业的并购，其初期目的都属于同一范畴。因此，企业在不断的并购过程中，可以积累到相应的经验，吸取失败教训，从而为以后的并购决策提供有力的支持。怀特（Wright）的研究表明，具有并购经验的企业在推进并购的过程中有学习的可能性，并且有将其经验应用于海外市场，而谋求进行海外并购的可能性。

6. 管理水平①

20 世纪 60 年代，Leibenstein（1966）提出，企业中广泛存在着非配置型低效率现象的理论模型，优势企业与劣势企业在管理效率上的差异，成为企业并购的重要内在动因。建立在该模型基础之上的 X—效率理论的核心要点是，公司并购对整个社会而言具有潜在收益，并购行为的发生不仅有利于改进管理层的经营业绩，而且将导致某种形式的协同效应。

管理协同效应说暗含着三方面的基本假定：第一，收购方具有剩余的管理资源，这些管理资源是有效率且不可分割的，或者这些管理资源具有规模经济，通过并购交易可以得到充分利用；第二，对于目标公司而言，其管理的非效率可经由外部经理人的介入和增加管理资源的投入而得到改善；第三，管理协同效应的取得，还在于收购方具有目标公司所处行业所需的特殊经验并致力于改进目标公司的管理。因此，该论说更适用于解释横向并购。

① 从某种程度上讲，管理水平也有战略资产的特性。但是，由于其对投资方式的影响趋势可能与其他战略资产不同，这里把它单独进行考虑。

7. 管理层偏好

管理层的构成是影响冒险行为的重要因素，高层管理者理论指出了决策者特征、战略选择与业绩之间的关系。高层管理者的构成及知识结构，反映了其对所从事的经营业务领域竞争规律和发展规律的认识能力和对公司发展的驾驭能力。管理层的个人特征和历史背景、决策者偏好，直接对决策行为产生影响，并最终影响公司某一特定发展阶段的经营业绩。决策者性格和偏好不同，导致决策的风险程度不同。根据风险决策理论的研究成果，高风险决策可能带来高额的回报或更大的损失。因此，管理层对于投资方式的偏好也可能影响到企业最终决策的形成。

最后，为了使我们关于并购活动时间性的成因及并购活动的影响因素分析条理更加清晰，我们采用框图的形式将上述各影响因素的层次结构表述如下：

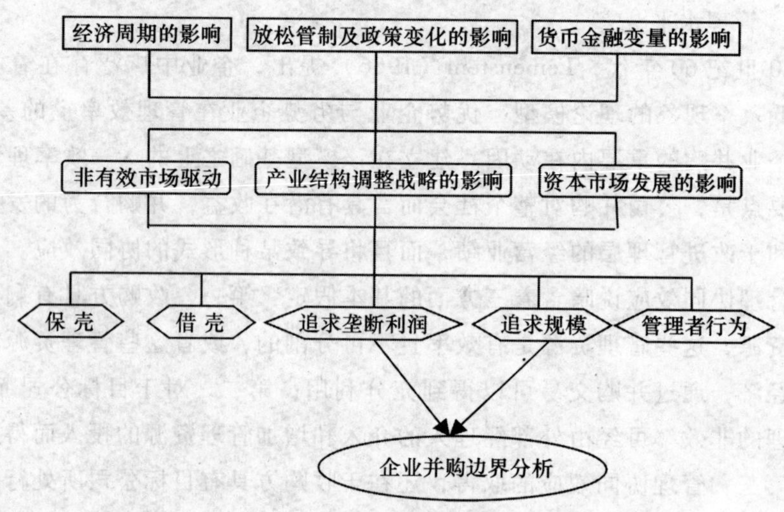

图 7.1 并购活动时间性成因逻辑框图

结 论

对我国上市公司总体并购活动的时间性特征或其决定因素开展研究有着重要意义，不仅有助于对我国已取得的各种归纳性假设进行检验，对总体并购周期波动的发展路径提供解释，而且还有助于人们认识和把握我国上市公司总体并购活动的发展趋势，为微观主体的经营决策和国家宏观调控政策的制定提供有价值的参考依据。然而，并购活动的时间性及并购浪潮发生的原因是金融经济学至今仍未解决的十大难题之一（Brealey and Meyers，1981）。我国的相关研究更是匮乏，现有研究成果远不能使人们对我国总体并购活动的时间性特征或其决定因素有全面、深入的了解。本书正是在这样的背景下，选择上市公司总体并购时间性作为研究内容，着重对并购浪潮假说进行检验，研究上市公司总体并购活动的周期特征、并购周期与经济周期之间的关联性、总体并购活动与货币金融变量之间的关系，以及分析总体并购活动的时间性特征的成因，无论在方法上或内容上都拓展了国内相关研究的广度和深度，有些内容的研究在国内尚属首次。本研究的主要创造性工作和结论包括：

（1）认真梳理了国内外有关总体并购活动时间性的研究文献，有利于对本书研究内容及变量的确定，便于对本书研究内容创新性的整体把握。

（2）从我国1998年1月至2006年1月的并购交易笔数序列的频率分布看出，并购交易笔数序列分布存在多个峰丘（humps）和肥尾（fat tails）。对并购序列的正态性检验发现，并购数据是由服从肥尾特征的分布过程生成。

利用三状态马尔科夫区制转移模型刻画我国1998—2005年间总体并购活动后发现，三状态马尔科夫区制转移模型能够正确地刻画我国总体并购活动，并购浪潮假说在我国是成立的，并购活动具有周期性，而拒绝认为并购活动是随机游走。

(3) 总体并购活动的简单统计分析结果表明：首先，与西方国家相比，我国并购活动的总体规模虽然很小，但增长速度非常快，高于西方发达国家，并远远高于同期的经济增长率；其次，我国并购活动的周期波动较大；再次，并购活动的增长速度有逐季下滑的趋势；最后，我国企业单笔并购的金额不断增大，大企业之间的联合趋势明显。

对并购周期的非对称性检验方面，我们利用偏移度检验和马尔科夫区制转移模型（包括均值转移、均值和方差同时转移两种情况）中的平均持续期、sharpness、deepness和steepness等检验方法对我国并购周期的非对称性进行了实证检验。偏移度统计量表明我国并购周期是非对称的，且属于陡升缓降型非对称周期。三状态马尔科夫区制转移模型（均值转移）结果表明，我国并购周期在尖度和峭度方面存在非对称性，即我国总体并购活动的峰和谷在本质上是不相同的，存在一个比较尖（sharp）而另一个比较圆（round）的现象。而且，在浪潮开始时总体并购活动上升较快，而在并购浪潮结束时，总体并购下降较慢，属于陡升缓降型非对称周期。并购周期在并购浪潮的开始和结束时没有深度上的差别；同时考虑均值转移和方差转移的马尔科夫区制转移模型的检验结果表明，并购周期三状态的波动程度具有非对称性：在并购浪潮开始时，并购上升期间的波动最为激烈，而在并购浪潮结束时，并购活动下降期间的波动程度次之，在正常时期，并购波动程度最小。

在研究我国并购周期各状态之间的转移规律方面，原始序列三状态转移概率矩阵表明，各状态存在记忆性，大多数情况下，在同一状态徘徊的概率最大，唯一例外的是，当序列处于高状态时，并不稳定，将很快转移到别的状态。当序列处于中状态时，下一刻如果不是停留在该状态的话，则转移到高状态的可能性较大。差分序列三状态的转移概率矩阵表明，当某一时刻并购序列处于状态2时，其下一刻仍然在这一状态的概率最大，如果偏离这一状态，则最可能进入状态 3，而进入状态 1 的概率几乎为零。然而，当某一时刻并购序列处于状态 3 时，下一刻仍然处于这一状态的可能性并不是很大，而最可能是转移到状态 2。

（4）在分析我国并购活动季度波动状况的基础上，采用转折点对照、相关系数分析及时间序列分析方法来研究并购周期与经济周期的关联性。结果表明，在 1998 年以前，并购周期与经济周期的关联性很弱，两者之间几乎没有联系；而 1998 年以后，我国并购周期与经济周期之间关联性有了很大的提高，并购周期领先于经济周期大约 4 个季度，其峰和谷的出现几乎存在确定的时间对应关系。而且，从长期来看，并购活动与宏观经济增长之间存在长期均衡关系。

（5）在并购活动与股价指数、利率、货币供应量和汇率之间的关联性方面，本书利用时间序列分析方法（误差修正模型、协整理论、脉冲响应函数和方差分解等）对各变量长期均衡关系和短期动态关系进行了实证检验。检验结果表明，股价指数、利率、货币供应量与汇率等宏观金融变量与总体并购活动之间都存在长期均衡关系。短期动态关系检验结果表明，股价指数在短期内对并购活动有着负的影响，即股价指数升高，并购活动短期内会有所下降，但这种影响幅度很小，即并购活动的周期波动受股价指数波动的影响很小；并购活动的正向冲击短期内引起股价指数的下降，但这种影响效应持续时间很短，幅度也很小，即并购对股价指数的影响并不显著，这从某种程度上说明了我国股票市场没有达到弱势有效状态，而且财务协同效应中的预期效应在我国并不明显。

并购活动与利率短期内存在显著的负相关关系，即实际利率的正向冲击短期内会引起并购活动的大幅度下降，即并购活动的周期波动在很大程度上要受到利率的影响，即如果利率升高，我们就有理由预期到并购活动的下降。

短期里，货币供应量对并购活动的影响微乎其微，且其影响在一定滞后期以后表现为正相关的关系，这说明，货币供应量与并购活动正相关关系在我国能找到微弱的证据。同样，在短期里，实际汇率表现出与并购活动负相关关系，但这种关系并不显著。同时，并购活动的上升短期内也会引起货币供应量的增加，而引起汇率的下降，但并购对汇率、货币供应量的影响传导机制还不清楚，有待于进一步的考察。

（6）分析我国总体并购活动的影响因素发现，影响并购活动的因素可分为四个层次：来自宏观层面的成因（包括经济周期的影响、货币金融变量的影响、行业冲击的影响）、来自中观层面的成因（包括产业结构调整战略的影响、资本市场的创新和发展的影响、非有效市场的推动）、来自微观层面的成因（包括对垄断利润和竞争优势的获取、“壳”资源的保持、“壳”资源及其他资源要素的获取和管理者过度自信行为的影响）和来自并购边界角度的影响因素分析。通过以上分析，本书提供了对并购活动时间性特征成因较全面的分析，给出影响并购时间性的因素体系。

参考文献

中文参考文献

[1] 蔡宁、何先进：《中美企业兼并动机的比较和启示》，《经济理论与经济管理》2002 年第 4 期。

[2] 曹媛媛、房振明：《并购浪潮动因前沿理论：行业冲击理论》，《外国经济与管理》2003 年第 11 期。

[3] 曹媛媛、王春峰：《行业冲击理论框架下的企业并购浪潮动因分析》，《科学学与科学技术管理》2003 年第 6 期。

[4] 陈硕：《并购动因的行为经济学分析》，《中国物价》2004 年第 6 期。

[5] 陈文晖：《美国企业并购：演进、变迁和启示》，《经济管理》2001 年第 21 期。

[6] 陈朝阳：《中国公司并购论》，中国金融出版社 2000 年版。

[7] 程敏敏、李孟明：《股票市场与企业并购》，《特区与港澳经济月刊》1998 年第 2—3 期。

[8] 崔保军：《转型期我国企业并购特征的形成机理分析》，《企业管理》2004 年第 7 期。

[9] 崔建华：《企业并购的内涵、功能与效应的新解说》，《生产力研究》2002 年第 6 期。

[10] 崔友平、金玉国、张远超：《我国经济周期的历史考察及宏观对策》，《当代经济研究》2005 年第 2 期。

[11] 多恩布什、费希尔、斯塔兹：《宏观经济学》（第七版），中国

人民大学出版社 2000 年版。

［12］菲利普·汉斯·弗朗西斯：《商业和经济预测中的时间序列模型》，中国人民大学出版社 2002 年版。

［13］冯根福等：《西方企业并购动机理论：属性、动机与影响》，《经济管理》2002 年第 8 期。

［14］干春晖：《并购经济学》，清华大学出版社 2004 年版。

［15］高崇友：《经济全球化与企业并购》，《经济问题探索》2003 年第 9 期。

［16］顾岚：《中国股市与宏观经济基本面的关系》，《数理统计与管理》2001 年第 3 期。

［17］顾勇、吴冲锋：《上市公司并购动机及股价反应的实证检验》，《系统工程理论与实践》2002 年第 2 期。

［18］古扎拉蒂：《计量经济学》（第三版），中国人民大学出版社 2000 年版。

［19］郭子驹：《资本市场：美国企业并购的助推器》，《中国经济导报》1998 年 1 月 9 日。

［20］韩世坤：《二十世纪九十年代全球企业并购研究》，人民出版社 2002 年版。

［21］胡峰：《企业并购概念界说：一个综述》，《重庆社会科学》2002 年第 3 期。

［22］胡峰：《跨国企业在华并购问题研究》，华中师范大学博士学位论文，2003 年。

［23］胡玄能：《企业并购分析》，经济管理出版社 2002 年版。

［24］姜苏：《全球企业并购浪潮纵横谈》，《中国对外贸易》2000 年第 5 期。

［25］J. 弗雷德·威斯通等：《接管、重组与公司治理》，东北财经大学出版社 2000 年版。

［26］J. 弗雷德·威斯通等：《兼并、重组与公司控制》，经济科学出版社 1998 年版。

[27] 靳香玲、马国强：《股票市场的稳定发展与企业并购》，《当代经济科学》1998 年第 5 期。

[28] 科斯：《企业的性质——企业、市场与法律》，上海三联书店 1990 年版。

[29] 李肃等：《美国五次企业兼并浪潮及启示》，《中外管理》1997 年第 12 期。

[30] 李艳芳、刘斌：《第五次并购浪潮的走向》，《经济论坛》2003 年第 1 期。

[31] 李玉平：《加快企业重组，迎接新世纪——西欧企业并购潮成因及趋势分析》，《世界经济》1998 年第 12 期。

[32] 李子奈、叶阿忠：《高等计量经济学》，清华大学出版社 2000 年版。

[33] 梁国勇：《企业并购动机和并购行为研究》，《经济研究》1997 年第 8 期。

[34] 刘国光、王洛林、李京文主编：《经济蓝皮书：2005 年中国经济形势分析与预测》，社会科学文献出版社 2004 年版。

[35] 刘慧、路正南：《我国经济周期波动的统计分析》，《经济纵横》2004 年第 12 期。

[36] 刘金全：《我国经济波动中的长尾特征》，《宏观经济研究》1999 年第 8 期。

[37] 刘金全、崔畅、邵欣炜：《股票价格与实际利率之间长期协整与短期影响关系的实证检验》，《预测》2002 年第 5 期。

[38] 刘金全、范剑青：《中国经济周期的非对称性和相关性研究》，《经济研究》2001 年第 5 期。

[39] 刘瑞波：《全球企业并购的最新特征及动因分析》，《经济研究参考》2000 年第 46 期。

[40] 卢现祥：《西方新制度经济学》，中国发展出版社 1996 年版。

[41] 罗浩、李心丹：《并购的理论和实证研究发展》，《现代管理科学》2004 年第 3 期。

［42］马宇峰、李晓佳：《逆向思维——走出兼并浪潮》，经济管理出版社1999年版。

［43］毛定祥：《上市公司兼并规律的实证分析》，《运筹与管理》2002年第11期。

［44］梅君：《重组并购理论与中国的实践》，《经济理论与经济管理》2003年第4期。

［45］米黎钟、李国平：《行为金融学对公司购并原因与普遍败绩的解释》，《金融研究》2005年第6期。

［46］潘红宇、邓述惠：《基础货币、贷款和产出——中国货币政策实证分析》，《系统工程理论与实践》2000年第9期。

［47］P. S. 萨德沙纳姆著，胡海峰、舒志军译：《兼并与收购》，中信出版社1998年版。

［48］齐文清：《中国股票市场的并购行为研究》，对外经济贸易大学出版社2001年版。

［49］邱春明：《全球企业并购的新趋势及启示》，《长江论坛》2001年第3期。

［50］邵万钦：《美国企业并购浪潮》，中国商业出版社2005年版。

［51］沈国兵：《论汇率与利率关系：1993—2000年泰国事例检验》，《世界经济》2002年第5期。

［52］沈艺峰、贺颖奇：《企业并购分析》，中国对外经济贸易出版社1998年版。

［53］泰勒尔：《产业组织理论》，中国人民大学出版社1997年版。

［54］唐任伍、董杰：《西方并购动因与并购效应理论的发展》，《经济学动态》2003年第2期。

［55］唐晓华：《西方企业兼并浪潮的特点及成因分析》，《世界经济与政治》1997年第10期。

［56］王红玲、王庆革：《企业并购发生的原因及条件》，《国有资产管理》2001年第11期。

［57］王会芳、冯根福：《中国上市公司总体并购活动的时间统计特

征研究》,《经济学家》2003 年第 4 期。

[58] 王君华等:《跨国并购与经济周期的关联效应评价——以美国为参照系》,《科技进步与对策》2004 年第 4 期。

[59] 王少平:《宏观计量的若干前沿理论与应用》,南开大学出版社 2003 年版。

[60] 王巍、康荣平:《中国并购报告》(2001),中国物资出版社 2001 年版。

[61] 王巍:《中国并购报告》(2002),华夏出版社 2002 年版。

[62] 王巍:《中国并购报告》(2004),人民邮电出版社 2004 年版。

[63] 王巍:《中国并购报告》(2005),人民邮电出版社 2005 年版。

[64] 王巍:《走向战略并购的百年浪潮》,《国际经济评论》1999 年第 5—6 期。

[65] 王一:《企业并购》,上海财经大学出版社 2001 年版。

[66] 威廉·H. 格林:《经济计量分析》,中国社会科学出版社 1998 年版。

[67] 肖元真主编:《全球并购重组发展大趋势》,科学出版社 2000 年版。

[68] 熊玉莲:《西方企业兼并浪潮的外部动因及启示》,《社会科学》1998 年第 6 期。

[69] 许崇正:《中国企业并购与资本市场发展》,中国经济出版社 2002 年版。

[70] 徐静霞:《我国企业三次并购浪潮的动因分析》,《企业管理》2006 年第 2 期。

[71] 徐学慎:《全球大并购推动经济全球化》,《中央财经大学学报》2000 年第 4 期。

[72] 徐兆铭:《企业并购:理论研究与实证分析》,东北财经大学博士学位论文,2003 年。

[73] 薛有制:《企业兼并与重组》,法律出版社 1998 年版。

[74] 杨丹辉:《第五次并购浪潮的回顾:特征、成因与影响》,《世

界经济研究》2004 年第 4 期。

[75] 易丹辉：《数据分析与 Eviews 应用》，中国统计出版社 2002 年版。

[76] 殷醒民：《企业并购的金融经济学解释》，上海财经大学出版社 1999 年版。

[77] 余光、唐国兴：《企业购并的动因模型和防御动因假说》，《数量经济技术经济研究》2000 年第 9 期。

[78] 于建国、管宁等：《国外企业收购与兼并》，上海人民出版社 1997 年版。

[79] 于秀林、任雪松：《多元统计分析》，中国统计出版社 1999 年版。

[80] 约瑟夫·克拉林格：《兼并与收购》，中国人民大学出版社 2003 年版。

[81] 张斌：《我国网络型兼并活动与盈利情况相关性的实证研究》，《统计研究》2004 年第 2 期。

[82] 张德亮等：《企业并购动因的一种理论解析》，《经济管理》2002 年第 10 期。

[83] 张德亮：《企业并购及其效应研究——以上市公司为例》，浙江大学博士学位论文，2003 年。

[84] 张佳林、蔡军辉：《我国上市公司并购动因与绩效研究》，《经济问题》2005 年第 11 期。

[85] 张璐：《九十年代以来西方企业并购的特征与背景》，《开放导报》2000 年第 7 期。

[86] 张维、齐安甜：《企业并购理论研究评述》，《南开管理评论》2002 年第 2 期。

[87] 张卫国、马文霞、任九泉：《中国股价指数与宏观影响因素的协整关系研究》，《当代经济科学》2002 年第 6 期。

[88] 赵进文：《中国市场化利率形成机制的模型实证研究》，《财经问题研究》2005 年第 1 期。

［89］赵兰生、张贡生、黄丽慧：《资产重组：中国股票市场发展永恒的主题》，《兰州商学院学报》1999 年第 4 期。

［90］赵英军、侯绍泽：《并购与股票价格、企业价值的关系》，《世界经济》2003 年第 5 期。

［91］赵勇、朱武祥：《上市公司兼并收购可预测性》，《经济研究》2000 年第 9 期。

［92］郑海航：《中国企业兼并研究》，经济管理出版社 2000 年版。

［93］周瑞凌、陈宏民：《企业兼并实证研究综述：方法和成果》，《系统工程学报》2005 年第 8 期。

［94］周小知：《兼并收购与企业扩张》，中国劳动出版社 1999 年版。

［95］朱强：《推动美国第五次企业兼并浪潮的主要因素》，《国际关系学院学报》1999 年第 2 期。

［96］国有资产管理局科研所课题组：《中国企业购并市场的发展及政策建议》，《管理世界》1997 年第 5 期。

英文参考文献

［1］Abel, Andrew and Olivier J. Blanchard, 1986, "The Present Value of Profits and Cyclical Movements in Investments", *Econometrica*, 54: 249—273.

［2］Albert, J. H. and S. Chib, 1993, "Bayes Inference via Gibbs Sampling of Autoregressive Time Series Subject to Markov Mean and Variance Shifts", *Journal of Business and Economic Statistics*, 11: 1—15.

［3］Andrade G., Mitchell M. and Stafford E., 2001, "New Evidence and Perspectives on Mergers", *Journal of Financial Economics*, 15: 103—106.

［4］Andrade, G. and Stafford, E., 2004, "Investigating the Economic Role of Mergers", *Journal of Corporate Finance*, 10: 1—36.

［5］Andrei Fhleifer and Robert W. Vishny, 2001, "Stock Market Driven Acquisitions", Working Paper, June.

[6] Andrews, D. W., 1993, "Tests for Parameter Instability and Structural Change with Unknown Change Point", *Econometrica*, 61 (4): 821—856.

[7] Barber, Brad M., Donald Palmer, and James Wallace, 1995, "Determinants of Conglomerate and Predatory Acquisitions: Evidence from the 1960s", *Journal of Corporate Finance*, 1: 283—318.

[8] Barkoulas T. J., 2001, "Waves and Persistence in Merger and Acquisition Activity", *Economics Letters*, 70: 237—243.

[9] Beckenstein, Alan R., 1979, "Merger Activity and Merger Theories: An Empirical Investigation", *Antitrust Bulletin*, 24: 105—128.

[10] Becketti, Seen, 1979, "Corporate Mergers and the Business Cycle", *Economic Review*, 71: 13—26.

[11] Bittlingmayer, George, 1985, "Did Antitrust Policy Cause the Great Wave?" *Journal of Law and Economics*, April: 77—118.

[12] Bittlingmayer, George, 1987, "Merger as a Form of Investment", Science Center Berlin, Mimeo, January.

[13] Blonigen, Bruce, A. and Christopher T. Tayor, 2000, "R&D intensity and Acquisitions in High-technology Industries: Evidence from the US Electronic and Electrical Equipment Industries", *The Journal of Industrial Economics*, 48 (1): 24—47.

[14] Box, G. E. P. and Jenkins, G. M., 1970, "Time Series Analysis, Forecasting, and Control", *Holden-Day*, San Francisco, CA.

[15] Box, G. E. P. and Pierce, D. A., 1970, "Distribution of Residual Autocorrelation in Autoregressive - Integrated Moving Average Time Series Models", *Journal of American Statistical Association*, 65: 1509—1526.

[16] Brealey, Richard, Stewart Myers, 2003, *Principles of Corporate Finance*, 7th edition, New York: McGraw-Hill Publishing Company Ltd.

[17] Caballero, R. J. and Hammour, M. L., 2000, "Institutions, Restructuring, and Macroeconomic Performance", NBER Working Paper 7720.

[18] Calomiris, Charles W., 1999, "Gauging the Efficiency of Bank Consolidation during a Merger Wave", *Journal of Banking and Finance*, 23: 615—621.

[19] Garcia, R. and Perron, P., 1996, "An Analysis of the Real Interest Rate Under Regime Shifts", *The Review of Economics and Statistics*, 78 (1): 111—125.

[20] Caves, R. E., 1971, "International Corporation: The Industrial Economics of Foreign Investment", *Economica*, Vol. 38: 1—27.

[21] Cheng, S. R., 1993, "The Empirical Studies of Mergers Activities in American and Japan", Thesis of Institute of International Trade of National, Chengchi University, Taiwan.

[22] Chien-Chung Nieh, 2002, "The Relation between the Mergers and Acquisitions and Microeconomic Fundaments: The U. S. Evidence", Working Paper, Tamkang University.

[23] Chowdhury, A. R., 1993, "Univariate Time-series Behaviour of Merger Activity and its Various Components in the United States", *Applied Financial Economics*, 3: 61—66.

[24] Chris Bilson, Tim Brailsford, Vince Hooper, 2002, "Selecting Macroeconomic Variables as Explanatory Factors of Emerging Stock Market Returns", Working Paper, Department of Commerce, Australian National University.

[25] Chung, K. S. and Weston, J. F., 1982, "Diversification and Mergers in a Strategic Long-range-planning Framework", In *Mergers and Acquisitions: Current Problems in Perspective*, ed. M. Keenan and L. J. White, Lexington, MA: D. C. Heath, 315—347.

[26] Chung S. Kwon, Tai S. Shin, 1999, "Cointegration and Causality between Macroeconomic Variables and Stock Market Returns", *Global Finance Journal*, 10: 71—81.

[27] Clark, J. J., Chakrabarti, A. K., and Chiang, T. C., 1988,

"Trend and Stochastic Movements in US Merger Activity", *Quarterly Review of Economics and Business*, 28: 6—19.

[28] Clements, M. P. and H-M. Krolzig, 2003, "Business Cycle Asymmetries: Characterization and Testing Based on Markov Switching Autoregressions", *Journal of Business and Economic Statistics*, 21 (1): 196—211.

[29] Crowder, W. J. and Hoffman D., 1996, "The Long-run Relationship between Nominal Interest Rates and Inflation: The Fisher Equation Revisited", *Journal of Money*, 28 (1): 102—118.

[30] Daniel, E. S., 1993, "Business Cycle Asymmetry: A Deeper Look", *Economic Inquiry*, Vol. XXXI.

[31] Dennis Gaertner and Daniel Halbheer, 2005, "Are There Waves in Merger Activity After All?" Working Paper No. 0414, Socioeconomic Institute, University of Zurich.

[32] Dong, M., Hirshleifer, D., Richardson, S. and Teoh, S. H., 2003, "Does Investor Misvaluation Drive the Takeover Market?" Working paper, York University, The Ohio State University, and University of Pennsylvania.

[33] Doornik, J. A. and Hansen, H. A, 1994, "Practical Test for Univariate and Multivariate Normality", *Mimeo*, Nuffield College, Oxford, U. K.

[34] Doornik, J. A. and Ooms, M., 2001, "Introduction to Ox", Available from http: //www. nuff. ox. ac. uk.

[35] Durbin Watson, 1950, "Testing for Serial Correlation in Least Squares Regression (I)", *Biometrika*, 37: 409—428.

[36] Durbin Watson, 1951, "Testing for Serial Correlation in Least Squares Regression (II)", *Biometrika*, 38: 159—178.

[37] Fama, E. F. and Jensen, M. C., 1983, "Separation of Ownership and Control", *Journal of Law and Economics*, 26: 301—325.

[38] Eis, C., 1969, "The 1919—1930 Merger Movement in American Industry", *Journal of Law and Economics*, Vol. 12: 267—296.

[39] Eis, C., 1970, "A Note on Mergers and the Business Cycle: Comment", *Journal of Industrial Economics*, Vol. 19: 89—92.

[40] Engle, R. F., Granger, C. W. J., 1987, "Cointegration and Error Correction Representation Estimation and Testing", *Econometrica*, 55: 251—276.

[41] Fama, E. F., 1981, "Stock Returns, Real Activity, Inflation and Money", *The American Economic Review*, 71: 545—565.

[42] Fauli-Oller, R., 2000, "Takeover Waves", *Journal of Economics and Management Strategy*, 9: 189—210.

[43] Friedman, B. M., Kuttner, K. N., 1992, "Money, Income, Prices and Interest Rates", *The American Economic Review*, 82 (3): 472—92.

[44] Geroski, P. A., 1984, "On the Relationship Between Aggregate Merger Activity and the Stock Market", *European Economic Review*, 25: 223—233.

[45] Vasconcellos, G. M. and Kish, R. J., 1998, "Cross-border Mergers and Acquisitions: The European-US Experience", *Journal of Multinational Financial Management*, 8: 431—450.

[46] Meeks, G., 1997, *Disappointing Marriage: A Study of the Gains from Merger*, Cambridge University Press.

[47] Golbe, Devra, V. and Lawrence J. White, 1988, "A Time Series Analysis of Mergers and Acquisitions in the U. S. Economy", in Allan J. Auerbach ed., *Corporate Takeovers: Causes and Consequences*, University of Chicago Press, 265—302.

[48] Golbe, Devra L. and Lawrence J. White, 1993, "Catch a Wave: The Time Series Behavior of Merger", *Review of Economics and Statistics*, August: 493—499.

[49] Gort, M., 1969, "An Economic Disturbance Theory of Mergers", *Quarterly Journal of Economics*, 83 (4): 624—642.

[50] Guerard, John B., Jr, 1985, "Mergers, Stock Prices, and Industrial Production: An Empirical Test of the Nelson Hypothesis", in O. D. Anderson, ed., *Time Series Analysis: Theory and Practice*, Elsevier, 7: 239—247.

[51] Guerard, John B., Jr., 1989, "Mergers, Stock Prices, and Industrial Production: Further Evidence", *Economics Letters*, 30: 161—164.

[52] Gugler, K., Mueller, D. C. and Yurtoglu, B. B., 2005, "The Determinants of Merger Waves", Tjalling C. Koopmans Research Institute Discussion Paper 2005—15.

[53] Hamilton, J. D., 1989, "A New Approach to the Economic Analysis of Nonstationary Time Series and the Business Cycle", *Econometrica*, 57: 357—384.

[54] Hamilton, James D., 1994, *Time Series Analysis*, Princeton: Princeton University Press.

[55] Hamilton, J. D., 1993, "Estimation, Inference and Forecasting Time Series Subject to Changes in Regime", in G. S. Maddala, C. R. Rao, and H. D. Vinod (eds.), *Handbook of Statistics*, Vol. 11, Elsevier Science Publishers B. V.

[56] Haque, M., Harnhirun, S. and Shapiro, D., 1999, "A Time Series Analysis of Causality Between Aggregate Merger and Stock Prices: The Case of Canada", *Applied Economics*, 27: 563—568.

[57] Harford, J., 2004, "What Drives Merger Waves?" Working Paper. University of Washington, forthcoming in *Journal of Financial Economics.*

[58] Hennart, J. F. and Park, Y. R., 1993, "Greenfield vs Aqcuisiton: The Strategy of Japanese Investors in the United States", *Management Science*, 39 (9).

[59] Holmstrom, B. and Kaplan, S. N., 2001, "Corporate Governance and Merger Activity in the United States: Making Sense of the 1980s and 1990s", *Journal of Economic Perspectives*, 15: 121—144.

[60] Hughes, A., 1993, "Mergers and Economic Performance in the

UK: A Survey of Empirical Evidence 1959—1990", in Bishop, M. and J. Kay (eds.), *European Mergers and Merger Policy*, Oxford University Press, Oxford.

[61] Hymer, S. H., 1976, *The International Operations of National Firms*, Cambridge, Mass, MIT Press, pp. 33—46.

[62] Johann Burgstaller, 2002, "Are Stock Returns a Leading Indicator for Real Macroeconomic Development?" Working Paper, Department of Economics, Johannes Kepler University of Linz, July.

[63] John A. Polonchek, Marie E. Sushka, 1987, "The Impact of Financial and Economic Conditions on Aggregate Merger Activity", *Managerial and Decision Economics*, Vol. 8, No. 2: 113—119.

[64] Jurn Kleinert and Henning Klodt, 2002, "Causes and Consequences of Merger Waves", Kiel Working Paper No. 1092.

[65] Krolzig, H-M., 1998, "Econometric Modelling of Markov-Switching Autoregressions Using MSVAR for Ox", Discussion Paper, Department of Economics, University of Oxford.

[66] Malmendier, Ulrike, Geoffrey Tate, 2002, "Who Makes Acquisitions: CEO Overconfidence and the Market's Reaction", Working Paper 1.

[67] Marc Chopin, Maosen Zhong, 2002, "Stock Returns, Inflation and the Macroeconomy: The Long-Run and Short-Run Dynamics", Working Paper, Department of Economics & Finance, College of Administration & Business, Louisiana, May.

[68] Martin, K., 1996, "The Method of Payment in Corporate Acquisitions, Investment Opportunities, and Management Ownership", *Journal of Finance*, 51: 1227—1246.

[69] Matsusaka, John G., 1993, "Takeover Motives during the Conglomerate Merger Wave", *RAND Journal of Economics*, 24: 357—379.

[70] Maule, C. J., 1968, "A Note on Mergers and the Business Cycle", *Journal of Industrial Economics*, Vol. 16: 99—105.

[71] Mitchell, M. L. and Mulherin, J. H., 1996, "The Impact of Industry Shocks on Takeover and Restructuring Activity", *Journal of Financial Economics*, 41: 193—229.

[72] Bradley, M., Anand Desai and Han Kim, E., 1983, "The Rationale behind Interfirm Tender Offer: Information or Synergy?" *Journal of Financial Economics*, Vol. 11: 183—206.

[73] Jensen, M. C., 1986, "Agency Costs of Free Cash Flow, Corporate Finance and Takeover", *American Economic Review*, Vol. 76: 323—329.

[74] Jensen, M. C. and Ruback, R. S., 1983, "The Market for Corporate Control: The Scientific Evidence", *Journal of Financial Economics*, Vol. 11: 5—50.

[75] Jensen, M. C. and Meckling, W., 1976, "Theory of the Firm: Managerial Behavior, Agency Costs and Ownership Structure", *Journal of Financial Economics*, Vol. 3.

[76] Markham, J., 1995, *Survey of the Evidence and Findings on Mergers, Business Concentration and Price Policy*, Princeton, N. J.: Princeton University Press, 141—182.

[77] Melicher, R. W., Ledolter, J., Antonio, D., 1983, "A Time Series Analysis of Aggregate Merger Activity", *The Review of Economics and Statistics*, 65: 423—430.

[78] Mitchell M. Land, Mulherin, H., 1996, "The Impact of Industry Shocks on Takeover and Restructuring Activity", *Journal of Financial Economics*, 41: 193—229.

[79] Mueller, Dennis C., 1989, "Mergers: Causes, Effects, and Policies", *International Journal of Industrial Organization*, 7: 1—10.

[80] Nelson, Ralph L., 1959, "Merger Movement in American Industry, 1895—1920", in *Merger Movements in American Industry*, 1895—1956, Princeton, N. J.: Princeton University Press, 3—6 and 33—70.

[81] Nieh, C. C. and Lee, C. F., 2001, "Dynamic Relationship Be-

tween Stock Prices and Exchange Rates for G-7 Countries", *Quarterly Review of Economics and Finance*, 41 (4): 477—490.

[82] Owen, S., 2004, "A Markov Switching Model for UK Acquisition Levels", Working Paper 2004—01, School of Banking and Finance, University of New South Wales.

[83] Owen, S. A., 1998, "The Cyclic Behaviour of UK Acquisition Activity and the Influence of Macro-Economic Conditions", Discussion Paper 98—13, Department of Economics and Finance, Brunel University, Uxbridge, UK.

[84] Polonchek, J. A., and Sushka, M. E., 1987, "The Impact of Financial and Economic Conditions on Aggregate Merger Activity", *Managerial and Decision Economics*, 8 (2): 113—119.

[85] Sudersanam, P., 1995, *The Essence of Mergers and Acquisitions*, London: Prentice-Hall Europe.

[86] Ravenscraft, D. J., 1987, "The 1980's Merger Wave: An Industrial Organization Perspective", in L. E. Brown and E. S. Ronsengren (eds.), *The Merger Boom*, *Federal Reserve Bank of Boston Conference Series* No. 31: 17—37.

[87] Reid, S. R., 1968, *Mergers, Managers, and the Economy*, New York: McGraw-Hill.

[88] Resende, M., 1999, "Wave Behaviour of Mergers and Acquisitions in the UK: A Sectoral Study", *Oxford Bulletin of Economics and Statistics*, 61: 85—94.

[89] R. Glenn Hubbard, Darius Palia, 1999, "A Reexamination of the Conglomerate Merger Wave in the 1960s: An Internal Capital Markets View", *The Journal of Finance*, Vol. 54, No. 3: 1131—1152.

[90] Rhodes-Kropf, M., Robinson, D. T., and Viswanathan, S., 2004, "Valuation Waves and Merger Activity: The Empirical Evidence", *Journal of Financial Economics* (forthcoming).

[91] Roll Richard, 1986, "The Hubris Hypothesis of Corporate Take-

over", *Journal of Business*, Vol. 59: 197—216.

[92] Rossi, S. and Volpin, P. F., 2004, "Cross-country Determinants of Mergers and Acquisitions", *Journal of Financial Economics*, 74: 277—304.

[93] Rugman, A. and Verbeke, A., 1992, "A Note on the Transnational Solution and the Transaction Cost Theory of Multinational Strategic Management", *Journal of International Bussiness Studies*, 23 (4): 761—771.

[94] Scholes, M. S. and Wolfson, M. A., 1990, "The Effects of Changes in Tax Laws on Corporate Reorganization Activity", *Journal of Business*, 63, Issue 1, Part 2: 141—164.

[95] Scott C. Linn and Zhen Zhu, 1997, "Aggregate Merger Activity: New Evidence on Wave Hypothesis", *Southern Economic Journal*, Vol. 64, No. 1: 130—146.

[96] Servaes, Henri, 1996, "The Value of Diversification During the Conglomerate Merger Wave", *Journal of Fainance*, 51: 1201—1225.

[97] Shleifer, Andrei, 2001, *Inefficient Markets: An Introduction to Behavioral Finance*, Oxford, UK: Oxford University Press.

[98] Shleifer, A. and Vishny, R. W., 1990, "The Takover Wave of the 1980s", *Science*, 249: 745—749.

[99] Shughart, W. F. and Toliison, R. O., 1984, "The Random Character of Merger Activity", *Rand Journal of Economics*, 15: 500—509.

[100] Steiner, P. O., 1975, *Mergers: Motives, Effects, Policies*, Ann Arbor: University of Michigan Press.

[101] Thorp, W. L., 1941, "The Merger Movement", in Temporary National Economic Committee Monograph No. 27, Washington, D. C.: U. S. Government Pringting Office.

[102] Town, R. J., 1992, "Merger Waves and the Structure of Merger and Acquisition Time-Series", *Journal of Applied Econometrics*, 7: 83—100.

[103] Toxvaerd, F., 1994, "Strategic Merger Waves: A Theory of Musical Chairs", Discussion Paper Series, Center for Rationality and Interactive

Decision Theory, Hebrew University.

[104] Una Brady, Robert M. Feinberg, 2000, "An Examination of Stock-price Effects of EU Merger Control Policy", *International Journal of Industrial Organization*, 18: 885—900.

[105] Wilson, B. D., 1980, "The Propensity of Multinationals Companies to Expand through Acquisitions", *Journal of International Business Studies*, Vol. 11, No. 1: 59—65.

[106] Zejan, M. C., 1990, "New Ventures or Acquisitions. The Choice of Swedish Multinational Enterprise", *The Journal of Industrial Economics*, Vol. 38. No. 3: 349—355.

后 记

本书是在我的博士论文基础上修改补充完成的，其中还有许多值得继续探讨和研究的地方，也必然存在许多不足之处，希望得到同行专家的批评指正。

在本书出版之际，首先我要感谢吉林大学商学院的张屹山教授。在博士研究生学习期间，我有幸得到张老师的悉心指导，无论从博士论文的选题到论文的写作和修改，张老师都给予了细致全面的教诲，张老师渊博的学识和严谨的治学风格及诲人不倦、提携后进的精神，都使我受益匪浅，成为我今后工作、学习的宝贵财富。

同时，我要衷心感谢中国社会科学院的李富强教授和吉林大学商学院各位导师对我的关爱和指导，使我在学科知识、研究能力和为人处世等各方面均有了很大的提高。

最后要感谢我的夫人唐丽珍，在我读书期间给予了极大的支持，任劳任怨地承担了全部的家庭事务，使我能集中精力在临近知命之年顺利完成了博士学业，圆了我多年的心愿。